办公室公文写作技巧与范文

■ 文秘、行政人员、公务员案头必备速查手册 ■

谭小芳　焦盈鑫 ——— 编著

文匯出版社

图书在版编目 (CIP) 数据

办公室公文写作技巧与范文 / 谭小芳，焦盈鑫编著. — 上海：文汇出版社，2021.3
ISBN 978-7-5496-3454-5

Ⅰ.①办… Ⅱ.①谭… ②焦… Ⅲ.①公文-写作 Ⅳ.① C931.46

中国版本图书馆 CIP 数据核字（2021）第 031064 号

办公室公文写作技巧与范文

著　　者 /	谭小芳　焦盈鑫
责任编辑 /	戴　铮
装帧设计 /	天之赋设计室
出版发行 /	文汇出版社 上海市威海路 755 号 （邮政编码：200041）
经　　销 /	全国新华书店
印　　制 /	三河市龙林印务有限公司
版　　次 /	2021 年 4 月第 1 版
印　　次 /	2021 年 4 月第 1 次印刷
开　　本 /	710×1000　1/16
字　　数 /	187 千字
印　　张 /	14.5
书　　号 /	ISBN 978-7-5496-3454-5
定　　价 /	45.00 元

前　言

现在，公文文书已经成为国家机关、社会组织、企事业单位或个人在社会活动中处理事务和交流信息的重要载体。它把经济、政治、科学、文化等领域和行业，像纽带一样连接起来，广泛用于上传下达、发布信息、沟通商洽、交际礼仪等。

如何使广大办公室工作人员快速理解、掌握常用公文写作技巧，撰写的公文既标准又规范且得心应手，成为各行各业的"硬笔杆子"，本着这一宗旨，我特编写了本书。

本书分为8个项目，除了办公室公文写作概述外，将行政公文、事务公文、公关公文、经济公文、法律公文、商务公文、传播应用文7个常用公文写作应用和100多个精细化公文分类详列于此，对所有文体皆简明定义，指出要点，列出模式。既包括公文的一系列基本知识，又含有写作技巧与文件处理的操作方法；既有机关及事业单位使用的各种通用公文，又有各级机关公务人员使用的文书、社会商务人士的必备公文写作技巧。

本书结合大量权威法律文献和现有公文资料，列举办公室工作人员在日常工作中常用的各类公文，是内容比较全面、形式较为丰富的常用工具书。所有文体格式标准，一看就懂；技法点拨，一点就通；范文规范，即学即用，能够帮助读者快速有效地提高公文写作水平。

目录
Contents

/ 项目一 /　办公室公文写作概述

任务一　了解办公室公文的基础知识 \ 002

任务二　了解办公室公文写作的基本要素 \ 005

任务三　办公室公文的审查和修改 \ 015

任务四　办公室公文写作的必备能力 \ 018

/ 项目二 /　行政公文

任务一　决定 \ 021

任务二　请示 \ 025

任务三　报告 \ 028

任务四　批复 \ 033

任务五　通知 \ 036

任务六　通告 \ 039

任务七　通报 \ 044

任务八　函 \ 047

任务九　会议纪要 \ 051

/ 项目三 /　事务公文

　　任务一　计划　\ 056
　　任务二　总结　\ 063
　　任务三　述职报告　\ 069
　　任务四　简报　\ 075
　　任务五　会议记录　\ 080
　　任务六　调查报告　\ 085

/ 项目四 /　公关公文

　　任务一　迎送词　\ 093
　　任务二　感谢信　\ 097
　　任务三　请柬　\ 101
　　任务四　证明信　\ 104
　　任务五　申请书　\ 106

/ 项目五 /　经济公文

　　任务一　广告文案　\ 111

　　任务二　商品说明书　\ 117

　　任务三　市场调查报告　\ 121

　　任务四　市场预测报告　\ 127

　　任务五　经济活动分析报告　\ 133

　　任务六　借条、欠条和收条的写作　\ 139

/ 项目六 /　法律公文

　　任务一　授权委托书　\ 148

　　任务二　起诉状　\ 153

　　任务三　答辩状　\ 157

　　任务四　上诉状　\ 161

　　任务五　申诉状　\ 168

/项目七/ 商务公文

任务一 意向书 \ 173

任务二 任命书的写作 \ 177

任务三 解聘书的写作 \ 181

任务四 招标书 \ 184

任务五 投标书 \ 189

任务六 合同 \ 193

/项目八/ 传播应用文

任务一 消息 \ 201

任务二 通讯 \ 207

任务三 解说词 \ 213

任务四 演讲稿 \ 216

任务五 讲话稿 \ 220

项目一
办公室公文写作概述

☆ **学 习 目 标** ☆

掌握办公室公文的含义、分类与特点;掌握办公室公文的基本要素;掌握办公室公文的审查和修改;了解办公室公文写作的必备能力。

☆ **关 键 词** ☆

办公室公文基础知识/办公室公文基本要素/审查和修改/写作必备能力

任务一　了解办公室公文的基础知识

一、办公室公文的含义

办公室公文是指国家机关、企事业单位、社会团体及人民群众,在日常工作、生活中办理公务和个人事务时经常使用的具有惯用格式的文书。它有别于以抒发主观感情、反映现实生活为主的文艺性创作,是为处理公务和私人事务而写的,是一种最直接、最有效地交流思想、传播信息、解决问题、为社会服务的实用性文体。

洽谈会邀请函

亲爱的××先生:

我们非常荣幸地邀请您出席为××代表团举行的商贸洽谈会。洽谈会定于10月4日(星期五)在市政会议厅举行。下午3点准时举行洽谈会,随之在7点举行正式的晚宴。

我们期待您的光临,请提前告知您能否出席。

地址:××××××××××
联系人:×××
联系电话:×××××××××
××××年9月20日

二、办公室公文的分类

办公室公文分为公务文书和私务文书两类。其中，公务文书分为通用公务文书和专用公务文书两类。私务文书在此不详细介绍。

1. 通用公务文书：指在各行业都可使用的文书，包括法定公务文书和普通事务公文两类。其中，法定公务文书是党、政、军机关使用的文书，简称公文，特指国家行政机关公文；普通事务公文没有使用界限，包含种类繁多，常见的有简报、计划、总结和调查报告等。

2. 专用公务文书：指在特定的工作部门或一定范围内，按照特定需要专门使用的文书，主要包括财经文书、法律公文、科技文书、军事文书和外交文书等。

办公室公文写作特点

- 01 实用性
- 02 时效性
- 03 真实性
- 04 规范性
- 05 限制性

三、办公室公文的写作特点

办公室公文是一种特殊的写作过程，具有以下特点：

（一）实用性

小说、诗歌、戏剧等文学作品能给读者以审美享受，有助于读者认识生活，却无法直接解决生活中的实际问题。办公室公文写作不是为了审美,而是要解决实际问题,具有很明确的实用性。比如,写一则新闻,就能达到传递消息的目的;写一份公文,就能发挥其管理职能。任何一篇办公室公文,都有特定的目的以及需要解决的实际问题。

(二)时效性

文学作品的写作除了特殊情况外一般不讲究时效性,作者可以只追求作品的完美,而不用担心时间。办公室公文则不同,写作时必须讲究时间和效益。例如,会议通知一定要在开会前写完并发出,若会议开过后才写完便失去其效用。

(三)真实性

文学作品写作中,为了渲染氛围可以夸大情节、虚构人物,但写作办公室公文时所选的材料必须是真实的,涉及的人、事、物必须是现实生活中客观存在的,引用的数字、数据、图表等必须是经过科学测算的,不能道听途说、凭空捏造。真实性是办公室公文的生命,若失去真实性,公文便失去了它的使用价值。

(四)规范性

文学作品在写作时讲究独创性,力图摆脱模式的束缚。办公室公文为了方便写作和使读者阅读起来一目了然,在文体和格式上有相对统一的要求和标准。例如,公布社会有关方面应当遵守或周知的事项时,应使用通告;表彰先进、批评错误、传达重要精神或情况时,应使用通报。

(五)限制性

文学作品问世后,对读者范围没有限制,任何人都可以阅读。办公室公文因其具有明确的针对性,必然会限定读者范围。

任务二　了解办公室公文写作的基本要素

一、确立主题

主题是作者在文章中表达的中心思想或基本观点。一篇文章要表现什么思想，说明什么问题，都集中体现在主题上。主题是否正确、深刻有力，是文章好坏的基本标志。写作主题一旦确定，文章内容的取舍、结构安排、语言运用都要紧紧围绕主题，受主题支配。因此，选准、选好主题，是写好文章的关键。写办公室公文时，对主题有以下三点要求。

（一）正确

主题正确是写办公室公文的基本要求，即主题必须符合党的路线、方针、政策和国家的法律法规，必须符合客观实际情况，反映客观事物的本质规律，对工作有积极指导作用，经得起实践检验。若文章主题错误，会给实际工作带来很多麻烦。

（二）鲜明

写办公室公文时必须观点明确，肯定什么、反对什么要表述清楚，绝不能模棱两可，要使读者能够正确理解文章观点。

1. 主题有针对性，能回答现实生活和实际工作中需要解决的问题。

2. 主题清晰、明确，内容描述、语言表达是肯定的。

3. 主题完整，在公文中提出问题后，要分析并解决问题，不能只提出问题而不解决。

（三）集中

主题集中是指公文应突出一个重点，围绕一个中心思想把问题说清说透，不要试图在一篇文章中表述多个意图，也不要使用过多与主题无关的材料，避免分散主题。有些综合性报告需要同时表述几件事情，这时应抓住事物的主要矛盾和共性，做到突出重点、主题集中。

只有主题集中，才能使对方更容易理解公文，处理有关事项，执行有关规定。如果公文主次不分，就会影响公文的表达效果。

办公室公文写作要素

主题的确立	材料的收集	结构的安排	语言的运用
主题正确 主题鲜明 主题集中	材料的特点 获取的方法	标题 开头 主体 结尾	准确 简洁 朴实 生动

二、收集材料

办公室公文写作十分依赖材料。为了表现主题，往往需要收集一系列材料，使主题真实、立体地表现出来。

（一）办公室公文材料的特点

不是所有材料都适用于办公室公文，选材时应注意以下几点。

1. 材料的真实性。办公室公文选用材料时不能改变材料本身性质，必须保持材料的真实性，如时间、地点、数据、事实过程及结果，否则会使材料本身价值发生变异，歪曲事实，不仅不能解决问题，反而会误导读者。

2. 材料的新颖性。选取办公室公文的写作材料时，应选取那些反映客观事物发展变化趋势，说明客观事物新面貌、新政策、新数据、新发现的材料，因为新颖的材料更符合时代特点，容易引起人们的共鸣，给读者以思想启示。

3. 材料的典型性。这是指选取的材料要能支持主题和说明问题，可以是一个具体的事例、一些有说服力的数据和带有普遍性的现象。选材时，要根据主题和观点的需要，选择不同类型的典型材料。

（二）获取材料的方法

材料必须依靠平时的搜集与积累，获取材料的主要途径有以下几种。

1. 社会实践。在工作实践中做个有心人，时刻关注有价值的事件及数据，及时记录并收集做了哪些工作、采用了什么方法、取得了什么效果、哪些人参与等信息。同时，全面、系统、动态地观察，做到实事求是，防止主观武断、先入为主，以获取真实、广泛、完整的材料，并把观察所得及时整理成文字，为写作提供基础。

2. 调查研究。个人的实践和视野总是有限的，也很难进行深入细致的观察，这就需要你走向社会，向有关人士了解情况，扩大视野，掌握尽可能多的材料。

3. 查阅资料。写办公室公文时，常常会从有关文件、正式出版物以及会议资料中获取材料，因此，大量查阅文献资料获取材料是公文写作常用的方法。

三、结构安排

办公室公文的结构是指根据主题需要，对文章各部分进行组织与安排。公文结构通常包括标题、开头、正文和结尾四个部分，下面分别介绍。

（一）标题

办公室公文的标题要充分体现主题，遵循一定的规范要求，常见的标题形式如下。

1. 公文式标题。这类标题程式化比较强，表达直接且少变化，主要用于各类公文，如"国务院关于进一步促进中小企业发展的若干意见"。

2. 新闻式标题。它分为单标题和双标题两种形式。单标题直接表明文章主题，如"民族团结和祖国统一是最高利益"；或提出问题，如"×国经济何时走出低谷"。双标题是有正题和副题的双行标题，其中正题符合单标题要求，突出文章主题；副题则对正题起补充作用，说明公文的内容范围和文种，如"哥伦比亚一城市通过法案——传八卦消息罚款6000美元，最长蹲监狱3年"。

3. 论文式标题。这类标题或表达文章观点，或点明论述范围，如"关于房产抵押若干问题的思考"。

（二）开头

办公室公文的开头担负统领全文、揭示主题的作用，要求开门见山。常见的开头方式有以下几种。

1. 小结概述式。语言简明扼要，围绕主题介绍有关情况或背景。如："5月28日6时5分，由济南开往佳木斯的193次旅客快车，行驶至沈山线锦州铁路局管辖的兴隆店车站时，发生重大颠覆事故，造成3名旅客死亡、143名旅客和4名列车乘务员受伤，报废机车1台……沈山下行线中断运输近 20 小时，直接损失达 170 余万元。"（《铁道部关于 193 次旅客快车发生重大颠覆事故的报告》）这就是小结概述式开头，为会议纪要、调查报告等常用的方式。

2. 说明依据式。开头引用上级指示精神或有关法律，常以"根据、按照、遵照"等词语领起下文。如《卫生部关于医师多点执业有关问题的通知》：根据《中共中央国务院关于深化医药卫生体制改革的意见》，"稳步推动医务人员合理流动……"这种方式常用于通知、批复、通告、规章等。

3. 陈述目的式。开头以简明语言直接说明写作的目的和意义，常用介词"为、为了"引领下文。如："为保障民用航空的安全，防止劫持、破坏民航飞机和破坏民用航空设施事件的发生，确保公共财产和旅客生命财产的安全，特通告如下……"（《国务院关于保障民用航空安全的通告》）

4. 说明原因式。开头常用"由于、鉴于、因为"等词领起下文，也可简述发文原因，再引出写作目的。如："鉴于当前走私、套汇、投机倒把牟取暴利、盗窃公共财物、盗卖珍贵文物等经济犯罪活动猖獗……"

5. 阐述议论式。开头用议论的表达方法，表达作者的看法、提出观点。如《知识经济与人力资源会计》："知识经济已在世界范围内初见端倪，它是继农业经济、工业经济之后一种新的经济形态。在知识经济时代，知识与经济的结合促进经济的迅速发展，知识将成为所有创造财富要素中最基本、最有效的生产要素，从事知识创新、传播和运用的知识劳动者是社会财富的主要创造者，人力资源成为企业乃至整个社会最宝贵的稀缺资源。对人力资源进行会计核算，加强人力资源管理，是适应知识经济发展的需要……"

6. 开头提问式。先提出问题，然后引出下文。这能引起读者的注意和思考，常见于调查报告、学术论文。如《国企人力资源管理出路何在》:"进入知识经济时代,智力资本成为企业的第一竞争要素,人力资源管理的重要性愈加凸显。然而,传统上稳居头把交椅的国营企业,在人才竞争中却越来越有大步落后的趋势,问题何在……"

(三)正文

正文是公文的核心内容,材料集中体现,观点逐级展开,主旨得到凸显。因此,处理好正文的层次结构,是办公室公文谋篇布局的关键。

1. 内在结构顺序

内在结构顺序是指写作办公室公文时,按其内在层次结构安排顺序,通常考虑时间结构顺序、空间结构顺序、时空交叉结构顺序和事理逻辑结构顺序。

(1)时间结构顺序:以事物的产生、发展、变化过程或时间先后顺序安排文章内容,是一种纵式结构。使用这种写法时,要分析事件的发展过程,区分不同阶段与主次,分别叙述,使读者可以抓住事物要点。写作单位的大事记、工作简报等公文时,可采用这种结构。

(2)空间结构顺序:以空间变换顺序安排文章内容,是一种横式结构。使用这种写法时,要先按事物相关关系分类,把主体分成几个部分或方面,再将各部分横向排列,逐个阐述。通过深入浅出的分析,先抓住问题的"总",然后以"总"为中心推导出相互并列的"分"。

(3)时空交叉结构顺序:将时间结构顺序和空间结构顺序交叉结合安排文章内容,是一种纵横式结构,又叫合式结构。

(4)事理逻辑结构顺序:以事物的内在逻辑联系安排文章内容,即按判断、分析、推理、综合等逻辑思维方式的顺序安排文章内容。写作法律公文、总结和情况报告时,可使用此种结构。

2. 外在文面结构形式

外在文面结构形式是指办公室公文的外在表现形式,通常有小标题式、条目式、标序式等形式。

（1）小标题式：如果办公室公文内容较长、涉及面较广，需要分成几部分，每个部分提炼出一个总结本部分中心思想的小标题或分论点。各部分的小标题集中起来，展示出整篇文章的结构框架和基本内容。小标题大体分为两类，一类是概括本部分的要旨，如"依靠科技兴厂增效"；另一类是点明内容范围，如"成绩与经验""工作展望"等。

（2）条目式：将公文主体内容按结构要求分为若干条项，如××股份有限公司章程第一章总则第一条：××股份有限公司是一家大型民营企业……此种形式常用于公司员工手册、规章制度、条例等的写作中。

（3）标序式：用序号标出内容层次，做到条理分明。在难以提炼确切小标题或首括句时，可采用此形式。条款标序式的情况有两种：一种为大段标序，即在小标题位置处标序，将文章分为几大块，如"一、基本情况""二、成绩与经验""三、下一步工作展望"；另一种为条款标序，只以序数编排，不设首括句，主要用于条款内容较短的办公室公文。若内容中的条款较多，再添加如"（一）、1.、（1）、①、A、a"等小序号。

（四）结尾

办公室公文的结尾讲究言尽意尽，但不能草率。常用的结尾方法有以下几种。

1. 强调式。对文中提出的问题进行强调说明，以引起重视。

2. 结论式。对文中主要观点或问题加以归纳总结或略做重申，以加深印象。

3. 说明式。对与主体内容有关但性质不同的问题或事项做补充交代、说明，以保证内容的完整性，如公文结尾写明实行日期、执行范围、传达对象、与该文规定不符的原有规定如何处置等；论文结尾则说明尚未解决应另讨论的问题。

4. 号召式。提出希望，发出号召，展望未来。例如，公文通报、市场预测、倡议书、计划书等常用这种结尾形式。

5. 建议式。针对实行目标、存在问题，提出意见和建议。

6. 责令式。多用于下行公文，即向下级提出贯彻执行的要求，如"以上各点，希望遵照办理""希望认真执行""请研究执行"等。

有的办公室公文在结尾处已经融入主体部分，则不必再另写结尾，自然收尾即可。

四、语言运用

与文学作品相比，办公室公文不必也不允许追求丰富的想象，它的语言具有准确、简洁、朴实等特点。

（一）准确

办公室公文语言特别强调准确。准确是指努力使语言表达符合客观实际，事实、数字甚至细节必须准确、可靠。

1. 用词准确，不出现语言模糊和语义分歧的情况。语言模糊，是指语言意思表达不明确，不能准确表达概念。比如，一份起诉意见书结论部分的定性语言为："被告人犯有人身伤害罪、侵犯财产罪。"此为司法文书语言不明确的含糊表达。司法文书定罪、定性必须到条到款，这两大罪实际包含许多具体条款，没有表达出来到底是哪一条、哪一款。

所谓语义分歧，是指语言表达的意思不定，一句话有两种甚至多种解释。如：(1) 明日乘××次车到京。(2) 事故发生之前，房门没锁。

例 (1) 中的"到"，除了可解释为"到达"外，也可歧解为"往"；例 (2) 中的"锁"，既可作为名词解，也可作为动词解。此类句子只要把多义词换成一个意义明确的词语，便可去歧明义。例 (1) 可改成"明日乘××次车抵京"；例 (2) 中的"房门没锁"，可改为"房门没装锁"或者"房门没锁上"。

2. 注意语言得体。即恰当地选择字、词、句和语气，准确把握好该写什么、不该写什么、该怎么表述、不该怎么表述、该说到什么程度、不应该说到什么程度。不同类型的办公室公文语言，必须符合文种要求。例如：

（1）指挥性公文如命令、指示、决定、通知等，所用语言应郑重、严肃、严谨、准确、简洁，表意完整。

（2）布告、事务性通知等宜用说明性、陈述性语言，要简明、扼要。

（3）报请性公文应侧重运用说明性、陈述性语言，避免过多使用论述性语言。如请示应恳切，不宜转弯抹角，更不能有要挟的意味；报告应实事求是，具体陈述实情，少讲大道理。

（4）商洽性公文要语言诚恳，措辞得体，以礼相待，不卑不亢，切忌用命令式语言。语言是否得体，直接影响到公文的权威性和能否发挥作用。

（二）简洁

为提高阅文办事效率，办公室公文语言必须简洁明了，即用尽可能少的文字传达尽可能多的信息，避免语言的赘述和重复。如："诉讼费1000元，由原告负担500元，被告负担500元。"这完全可改为："诉讼费1000元，双方各负担500元。"要使语言简洁，应做到以下几点。

1. 去掉累赘部分。如"在基本建设中确实存在许多需要纠正的不良倾向"句中，"不良倾向"本在"纠正"之列，故应删去"需要纠正的"几个字。

2. 力戒堆砌。如："我们一定要把这条街道建成美丽的、文明的、花园式的、人人喜爱的、秩序井然的、非常繁华的现代化街道。"这句话堆砌了众多形容词，给人矫揉造作、华而不实的感觉。

3. 不要苟简。应该说的话不说，应该用的词不用，单纯追求文字少，损害语言的表意功能，这种情况就是"苟简"。如："赃款、赃物均已挥霍。"赃款可以挥霍，赃物怎能挥霍？实际上，作者想要表达的意思是：赃款已被挥霍，赃物已无法追回。其问题在于极力追求语言的简省，却忽略了表意的完整性，把本应分开的两句话硬压缩合成一句，造成明显的表意错误。因此，简洁、篇幅短、文字少，以不发生歧义、不遗漏内容为前提。

4.适当使用文言词语。保留文言词语的固定用法是公文语言简洁的一个特色。如："×月×日寄来的函件已经收到，知道了你们要求的事情，我们已经派出人员调查，等把事情调查清楚就立即把结果告诉你们。"可以改为："×月×日来函收悉，我们已派员调查，查清即敬告无误。"此为规范的公文语体，不但文字简洁，语气上也既严肃又有礼貌。

（三）朴实

办公室公文是处理事务的工具，也是沟通信息的基本方式。因此，语言要朴实，用实实在在的语言直接明白地把事物的本来面目反映出来，不追求华丽辞藻，也不搞形象描写，更不用含蓄、虚构的写作技巧。

公文中不允许说空话，语言以朴实为美，渲染是大忌。如一篇公文中写道："当前新工业园区万紫千红、百花争艳，地方政府希望广大职工借这股强劲的东风，像园丁一样开动脑筋，群策群力，辛勤地耕耘工业园区，努力工作，力争超额完成今年全市的工业生产任务。"这段文字要表达的意思是："当前，工业蓬勃发展，地方政府希望新工业园区广大职工群策群力，力争超额完成今年全市的工业生产任务。"两相对比，前者的过多渲染给人哗众取宠的感觉，后者则以朴实的语言表明意图。

任务三　办公室公文的审查和修改

审查和修改是办公室公文写作的最后一个步骤,也是非常重要的环节。文不厌改,办公室公文写作更是如此,稍有差池,就可能影响它的实用效果。

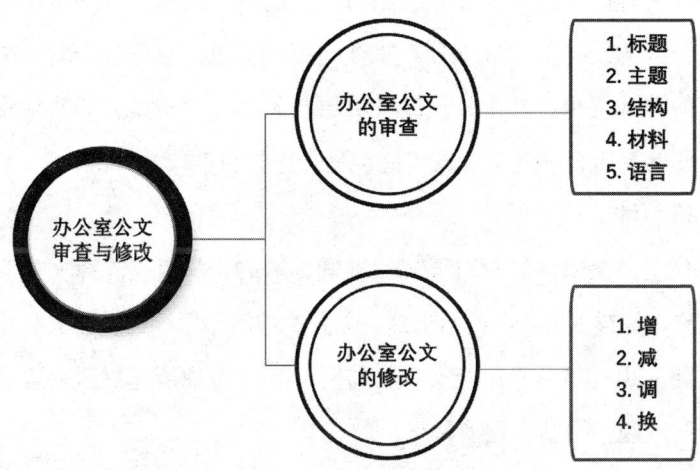

一、办公室公文的审查

办公室公文写作完成后,需要对文章标题、主题、结构、材料以及语言等进行审核与检查。

(一)标题

审查文稿时,首先查看标题是否简练、直接,如"销售部 2020 年上半年工作总结汇报"。其次，查看公文标题是否与内容相符，如需向上级机关汇报工作、反映情况等，标题应为"报告"；若是上级机关对下级机关中典型的先进事迹、人物进行表彰，或对严重错误予以批评教育，文书标题则为"通报"。

（二）主题

办公室公文的主题一定要明确，也就是说，文稿说明或解决的问题要非常清楚。修改时，应查看文稿是否抓住了重点问题，全文是否围绕这一重点问题展开。若非如此，应删除多余内容或修改相关语句。

（三）结构

不同文种的办公室公文有其相对固定的体式规范，一些常用词语或短语也可成为结构的组成部分。审查文稿结构时，首先应查看其是否符合相应的体式要求；其次，检查文稿层次条理是否清楚，详略安排是否得当，段落是否合乎逻辑，过渡衔接是否连贯自然。

（四）材料

办公室公文引用的材料要确保准确、可靠。材料是支撑文章观点的关键要素，材料不实、观点不正确，文稿的作用和影响力就会大打折扣，影响实际应用。另外，审查文稿材料时，还应考虑所选材料是否典型、能否说明问题，否则应置换材料。

（五）语言

办公室公文的语言要准确、精练，不能有错别字，用词讲究，不产生歧义，注意词语的感情色彩和语体色彩。另外，也应考虑句式表达是否得当、符合逻辑、衔接紧密，确保正确使用标点符号。

二、办公室公文的修改

文章修改应从内容到形式、遣词造句到标点符号进行整体推敲、衡量。常用的修改手段有增、减、调、换四种。

（一）增

所谓增，就是增加材料。在计划、总结、调查、报告之类的办公室公文写作中，应尽量使文章中所用的每种材料对主题来讲是充分、必要和具有典型意义的。如果原有材料不足以说明主题，必须增加材料。当然，增加的材料是有选择性的，必须遵循支撑正文观点的原则。

（二）减

所谓减，就是删减材料。办公室公文写作中，选择和运用材料要以一当十，越精越好，凡是与表达主题思想无关或不真实、不典型的材料都应删除，这样才能既突出文章主题，又使语言表达凝练简洁，取得好的效果。

（三）调

所谓调，主要指调整文章结构。结构是文章的形体，必须严密顺畅，条理清楚。如果逻辑结构出现漏洞，文章内部层次、段落顺序安排不合理都会影响主题表达，造成读者理解障碍和认识混乱。出现这种情况时，要调整文章结构，重新安排层次、段落顺序，以切合文章内在的逻辑和主题表达需要。必要时，可调整同段文字的内在表达顺序，如结构前置、先分后总等，以便清楚反映文章意图。

（四）换

所谓换，是指换材料。凡是不能准确反映写作意图、不能很好支持主题的例证材料，无论多么生动都要换掉。对于不适合的字、词、句以及标点符号都应及时更换，以保证文章的顺畅。

任务四　办公室公文写作的必备能力

一、观察认知能力

办公室公文反映的是客观现象，其主旨来自实践，材料也源于实践。写作者必须有较强的观察认知能力，才能观察、感知物质世界的表象，认知物质世界的内在联系和本质。

（一）对客观规律的认知

认知事物，感知表象不是目的，而是要认知其内在规律。不能准确把握事物规律，文章就无法形成正确的主旨思想。办公室公文的主旨一旦有偏差或错误，会直接为工作带来损失。

（二）对政策、法律、方针的认知

办公室公文反映的是社会的新情况、新动向，任何从事办公室公文写作的人想写出符合时代特质的文章，必须首先认识和把握当前社会的主旋律。

（三）对语言、文字的认知

对语言的理解认知能力，是办公室公文写作者的基本功，既要有接听电话、商洽事务的简单语言听知应变能力，还要有对环节繁多的调查访问、大型座谈会、互动问答以及听取各种指示、发言等比较复杂活动的听知能力。

很多情况下，写作办公室公文需要的材料不是作者从实践中获取的，而是从别人那里提取的。如向上级呈报的工作报告，除了作者亲身实践获得的第一手材料外，更多的是从本部门的汇报材料中整合出来。如果文字阅读能力不强，对文字的认知能力欠缺，很难整合可以反映工作成果、体现行为价值的材料。

二、思维能力

思维能力是人类特有的精神活动，通过综合分析观察到的表象、概念，达到揭示事物本质的目的。

（一）整合与概括能力

整合材料，是指根据写作目的，对材料进行分解再认识，将有内在联系的各部分重新组合。概括是对同类事物进行归纳，找出共性予以归类，揭示其深层实质。无论是对工作进行例行总结，还是将讨论、发言内容整理成汇报或通报材料，都需要一定的整合能力与概括能力。

（二）分析与解决问题的能力

写作办公室公文时，不是机械地复制文字材料，需要充分发挥主观能动性，参与到办公、例会、处理领导交办的具体工作中。能否快速、准确地完成工作，取决于有没有分析与解决问题的能力。

三、文字表达能力

尽管办公室公文的写作技巧比较单一，但与其他文体写作一样，写作者必须具备一定的文字表达能力才能正确表达思想。

文字表达能力是一种综合能力，它包括主题的提炼能力、材料的选择和使用能力、结构的安排能力和语言的运用能力。

项目二
行政公文

☆ 学习目标 ☆

掌握行政公文的格式及行文规则;掌握决定、请示、报告、批复、通知、通告、通报、函、会议纪要的写作方法;能够根据要求准确无误地书写出不同种类的行政公文。

☆ 关键词 ☆

决定／请示／报告／批复／通知／通告／通报／函／会议纪要

行政公文，又称国家行政机关公文，是行政机关在行政管理过程中形成具有法定效力和规范体式的文书，是依法行政和进行公务活动的重要工具。

一般来说，只有具备以下条件才能算作行政公文。首先，是在公务活动中使用的，不得用于处理私人事务。其次，使用范围一般限于行政机关，社会团体、企事业单位也常根据情况比照使用，个人不得使用行政公文。最后，是具有特定格式的文字材料，从标题到落款、内容到文面、用纸到标记都有特定的要求。行政公文不同于公务活动中使用的其他材料，如图片、音像等。

任务一 决定

一、决定的概念

决定是适应对重要事项或重大行动做出安排，奖惩有关单位及人员、变更或撤销下级机关不适当决定事项的公文，一般用于上级机关向下级机关行文，也可在本机关内部使用。决定的使用范围比较广泛，国家行政机关、企事业单位和社会团体皆可使用。

教育部关于授予张丽莉同志"全国优秀教师"荣誉称号的决定

教师〔2012〕2号

2012年5月8日晚，黑龙江省佳木斯市。正当佳木斯市第十九中学一群学生准备过马路时，一辆客车突然失控冲了过来，与前方停在路边的另一辆客车追尾相撞，被撞客车猛力冲向正要过马路的学生。危险瞬间，本可以躲开逃生的女教师张丽莉奋不顾身去救学生，自己被卷入车轮下导致双腿粉碎性骨折，高位截肢。

张丽莉同志是黑龙江省佳木斯市第十九中学教师，毕业于哈尔滨师范大学，2007年参加工作。她爱岗敬业，教书育人，关爱学生，无私奉献，钻研业务，勤奋向上，得到了师生和家长的高度评价，多次被评为青年骨干教师、教师新秀、最受学生喜爱的教师。她生死关头舍己救人，用无私大爱谱写了一曲生命的赞歌，塑造了新时期人民教师的光辉形象，诠释了高尚师德和社会主义核心价值观。

为彰显张丽莉同志的先进模范事迹，进一步推动教师队伍建设，我部决定授予张丽莉同志"全国优秀教师"荣誉称号。

全国广大教师和教育工作者要以张丽莉同志为榜样，忠诚于党和人民的教育事业，关爱学生，严谨笃学，勇于创新，为人师表，无私奉献，以人格魅力和学识魅力教育感染学生，以实际行动弘扬社会主义核心价值观，为全面建设小康社会、实现中华民族的伟大复兴而努力奋斗。

中华人民共和国教育部（印章）
二〇一二年五月十四日

这是一则表彰性决定。正文首先概述张丽莉同志的先进事迹；接着介绍张老师的基本情况并对其做出高度评价，同时做出表彰决定；最后提出希望和号召。

二、决定的特点、分类与结构要素

（一）特点

1. 制约性。决定是对下级机关工作的领导和指挥，其强制力仅次于命令文种。对于党政领导机关的决定，下级机关必须认真贯彻执行。

2. 指导性。对重要事项做出决定时，还可提出工作任务、具体措施和实施方案，具有较强的理论性和政策性，是受文单位依照执行的导向。

3. 稳定性。决定在传达上级安排及有关决策时，要求在长时间内贯彻执行，并在长时间内有效。

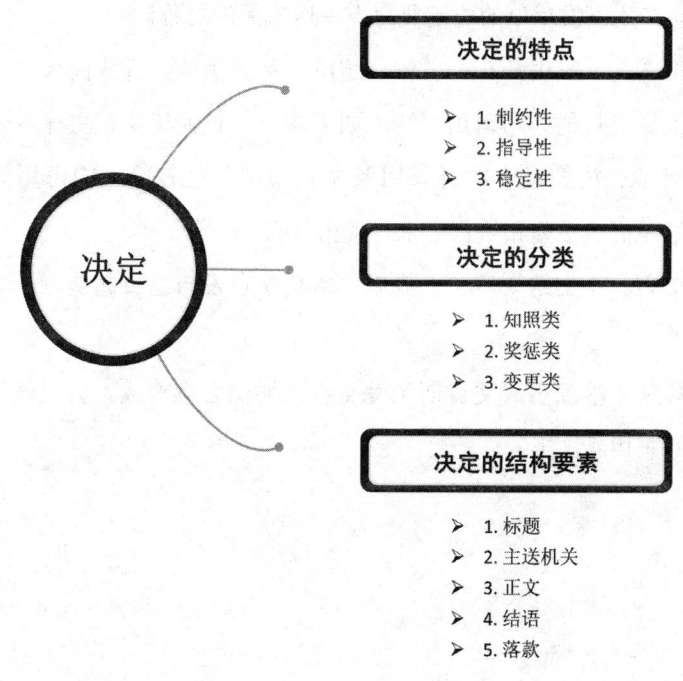

（二）分类

1. 知照类。用于对重要事项或重大行动做出安排，让下级机关及有关各方知道如何做。

2. 奖惩类。用于表彰和处罚有关单位、人员。

3. 变更类。用于变更或撤销下级机关不适当的决定事项。

（三）结构要素

决定一般由标题、主送机关、正文、结语、落款等构成。

1. 标题。一般有两种方式：一是由发文机关＋事由＋文种构成，如"国务院关于大力发展职业教育的决定"；二是由事由＋文种构成，前面要加介词"关于"，如"关于环境保护工作的决定"。如果是会议做出的决定，需要在标题下加上题注，说明这一决定是何次会议、何时通过的，如"关于2019年全市幼儿园六一文艺会演成果表彰的决定"。

2. 主送机关。指要求执行本决定的单位名称。普发性决定不写主送机关，有特定下发单位的决定要写上主送机关的名称。

3. 正文。一般由开头、主体、结尾三部分组成。开头简要说明发文缘由、根据、目的，通常用"特做如下决定"过渡下文；主体具体说明决定的事项，内容较多的可采用条文式写法，比较简单的可用简述式写法；结尾提出希望和执行要求，发出号召。

4. 结语。正文结束后，一般以"本决定自发布之日起施行"等作为结语。

5. 落款。落款由成文日期和发文机关加盖公章构成。会议通过的决定，时间采用题注形式。

任务二　请示

一、请示的概念

请示是下级向上级请求对某项工作给予指示，对某一问题给予答复或审核批准时使用的请求性上行文种。

关于交通肇事是否给予被害家属抚恤问题的请示

最高人民法院：

据我省××县法院请示，他们对交通肇事致被害人死亡是否给予被害者家属抚恤的问题，有不同意见。一种意见认为，被害者是有劳动能力的人并遗有家属的，就给予抚恤；被害者若是没有劳动能力的老人或儿童，就不给予抚恤。另一种意见认为，只要不是由被害者自己的过失引起的死亡事故，不管被害者有无劳动能力都应酌情给予抚恤。

我们同意后一种意见，几年来实践经验证明，这样做有利于安抚被害者家属。

是否妥当，请批复。

××省高级人民法院（印章）

××××年×月×日

这是一篇指示性请示。下级机关针对工作中存在的问题提请上级机关做出指示，先摆出不同的处理意见，后表明态度并请求指示。

二、请示的特点、分类与结构要素

（一）特点

1. 呈请性。是向上级机关请求指示和批准的公文，行文内容具有请求性。

2. 求复性。行文目的是请求上级批准、解决问题，不管同意与否，要求上级做出明确答复。

3. 预先性。行文必须在事前，等上级机关做出答复后才能付诸实施。没有上级的答复，不能自作主张，更不能"先斩后奏"。

4. 单一性。请示事项具有单一性，要求一文一事。如果同时有几个问题需要请示，应分别行文。

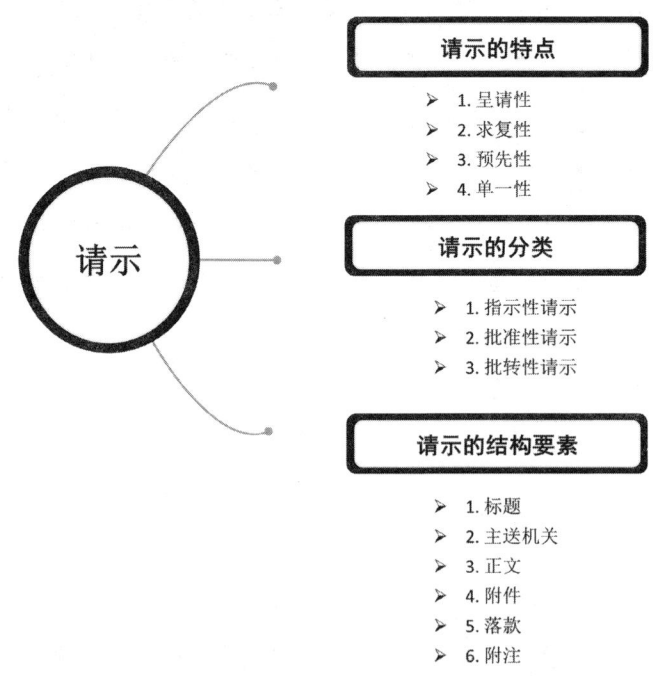

（二）分类

按照请示目的，分为指示性请示、批准性请示和批转性请示。

1. 指示性请示。工作中遇到不好解决、超越权限、无章可循、有争议的问题，请求上级机关给予明确的指示和裁决。

2. 批准性请示。下级机关需要办理和解决，自己又无权无力解决的事项和问题，请求上级批准办理或授权时使用。

3. 批转性请示。对本部门存在的全局性、普遍性问题提出解决办法，因职权范围所限，本单位无权自行向有关单位发出指令性文件，请求上级机关批转到各单位执行。

（三）结构要素

请示一般由标题、主送机关、正文、附件、落款和附注组成。

1. 标题。一般有两种写法：一是发文机关＋事由＋文种，如"××人民政府关于设立××海关的请示"；二是事由＋文种，如"关于修建××教学楼需用资金的请示"。

2. 主送机关。为负责受理和答复该文件的机关，每件请示只能写一个主送机关，不能多头请示。

3. 正文。一般由开头、主体、结语构成。开头主要写明请示的原因、背景或依据，语言简洁，内容充分、准确、实事求是，为上级批准提供客观依据；主体要说明请求上级机关批准或指示的具体事项，要具体明确、条理清楚，以便上级机关给予明确批复；结语一般有规范的习惯用语，如"妥否，请批示""当否，请批准""以上请示，请批复""以上请示如无不妥，请批转各地区、各部门执行"等。

4. 附件。批转性请示一般要有附属材料。

5. 落款。由发文机关和成文日期组成。

6. 附注。注明发文机关联系人姓名、联系方式等，以便及时联系沟通。

任务三 报告

一、报告的概念

报告是下级机关向上级机关汇报工作、反映情况、提出意见或建议以及答复询问的公文,属于上行文。

××县人民政府办公室关于进一步清理兑现农民工工资工作情况的报告

市政府办公室:

根据市政府办××××年×月××日《关于进一步加大清欠工作力度确保农民工工资按时兑现的紧急通知》(×府办发〔××××〕×号)精神,现将我县近期进一步清理兑现农民工工资的有关情况报告如下。

一、我县高度重视农民工工资按时兑现工作……

二、进一步排查农民工工资和工程款拖欠数……

三、落实清欠责任,抓好专项督办……

四、突出清欠重点,优先支付农民工工资。县政府把解决××××年年底前拖欠农民工工资问题作为清欠工作的重中之重,明确要求业主单位支付的工程款必须优先用于解决拖欠的农民工工资,并落实四项措施。一是进一步明确农民工工资支付责任。按照"谁承包,谁负责"的原则,总承包企业对承包工程的农民工工资支付要全面负责,分包单位确实无力支付的,总承包单位要先行垫付,并在分包工程款中扣除。二是采取每周一报的倒计时方式，每周通报全县各建筑施工企业支付农民工工资进度情况，对未完成清欠任务的企业禁止参加新工程项目投标，问题严重的企业还要做不良记录，对企业项目经理予以处罚。三是完善欠薪举报投诉制度，公布投诉举报电话，建立解决拖欠农民工工资问题的"快速通道"和处置突发事件预案，对来人、来电、来信案件进行认真调查处理。四是县建设局和有关部门密切配合加大执法力度，先后派出执法人员50余人次对施工用人单位进行专项检查，通过监察执法和协调处理，为1000多名农民工追讨工资200余万元。通过以上四项措施，农民工工资兑现工作取得较好成效，截至××月××日，全县××××年年底前拖欠的农民工工资598万元已全部偿还，有力地维护了农民工的合法权益。

五、政府带头清欠，清欠工作取得较大进展。我县工程款拖欠中，政府投资项目拖欠工程款3361万元，占总拖欠款的66%，三年清欠能否如期完成，政府投资项目既是重点，也是难点。为此，××县人民政府按照"老账要还，新账不欠，制订计划，健全制度，明确责任，分类解决"的指导思想带头清欠，其中应由县级财政予以安排解决的拖欠工程款，县政府采取通过预算内资金、土地出让收入、经营城市基础设施配套费等多种渠道筹集资金予以偿还。截至目前，全县建设单位偿还工程款1819万元，已完成市政府下达给我县的全年目标任务数，其中市政工程拖欠款已偿还958万元，超额完成全年任务的62%，清欠工作取得较好成效。

六、进一步建立和完善长效机制，防止新的拖欠……

（印章）

××××年×月××日

这是一篇工作报告，开头简明扼要地交代报告的依据，主体部分分为六点深入汇报清理兑现农民工工资工作情况，列举事实、数据加以说明。

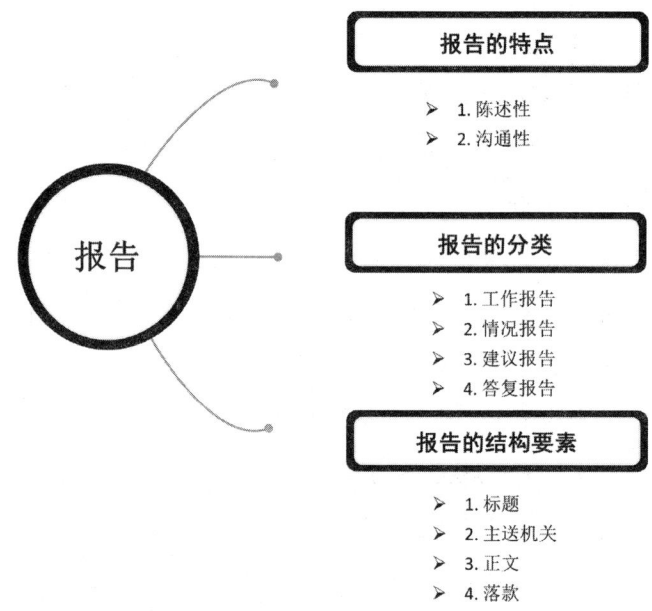

二、报告的特点、分类与结构要素

（一）特点

1.陈述性。陈述性是报告的最大特点，无论是汇报工作还是反映情况、答复询问等，均以陈述事实为主，大多采用叙述、说明的表达方式，概括叙述工作进程及有关动态、建议，使上级能迅速、全面、准确地掌握有关情况。

2.沟通性。报告是一种最常用的上行文，对下级来说是下情上达的基本手段，有利于下级向上级反映情况，取得上级的支持和指导；也有利于上级了解下情，做出正确决策和进行科学指导。

（二）分类

根据内容和性质，分为工作报告、情况报告、建议报告、答复报告等。

1. 工作报告。是向上级或重要会议汇报工作情况，主要用于说明工作进程、反映工作问题，总结工作中的经验、教训等。

2. 情况报告。用于向上级机关反映工作中的重大情况、特殊情况和新动态，便于上级机关及时采取措施指导工作。

3. 建议报告。根据工作中存在的问题、现状、发展趋势、动向等向上级提出建议、方案或设想。建议报告与情况报告的区别为：情况报告是说明情况，请求指示；建议报告是说明情况，提出建议。前者被动，后者主动。

4. 答复报告。针对上级机关向下级机关提出的询问或要求，经调查研究后做出陈述或回答问题。

（三）结构要素

报告一般由标题、主送机关、正文、落款组成。

1. 标题。一般有两种写法：一是发文机关＋事由＋文种，如"民政部关于抗震救灾工作的情况报告"；二是事由＋文种，如"政府工作报告"。

2. 主送机关。即报告呈送的上级机关名称。

3. 正文一般由开头、主体、结语组成。

（1）开头主要交代报告缘由，概括说明报告的目的、意义或根据，用"现将具体情况报告如下"一语转入下文。

（2）主体是报告的核心部分，用来说明报告事项。它一般包括两方面：一是工作情况及问题；二是进一步开展工作的意见。

（3）根据报告种类，结语有不同的惯用语，另起一段。工作报告和情况报告的结语常用"特此报告""请审阅"等；建议报告常用"以上报告，如无不妥，请批转各地执行"；答复报告多用"专此报告"。

4.落款。由发文机关（加盖印章）和成文日期组成。

三、请示与报告的异同

请示与报告的相同之处在于，它们都是上行文，行文对象一般是直接上级机关；不同之处，主要有以下几点。

第一，行文目的不同。请示是为了向上级机关请求指示或批准；报告是为了向上级机关汇报工作，反映情况，答复上级机关的询问。

第二，写作结构不同。请示一般先说明请示原因，在此基础上引出请示的具体事项，最后是结束语，典型的三段式结构；报告一般是先概括基本情况，然后汇报主要成绩、经验、教训、存在问题，并针对问题汇报今后的打算和安排等。报告中不能夹带请示事项，在请示中可以有报告的成分。

第三，行文时间不同。请示是在工作进行前发出的，必须事前行文，切不可"先斩后奏"；报告可以在事前发出，也可以在工作进行中以及完成后或告一段落时发出。

第四，行文内容不同。报告内容可宽可窄，既有专题报告也有综合性报告；请示只能一文一事。

第五，处理方式不同。上级对下级报送的请示必须表态，一定要有批复；对下级报送的报告可以表态，也可不表态。

第六，结束语不同。报告是陈述性上行文，结束语多用"特此报告，请阅知""谨此报告，请审阅"等；请示是请求性上行文，结束语多用"请批示""请批准"等。

任务四　批复

一、批复的概念

批复是上级机关答复下级机关来文提出请示事项的答复性公文,是与请示相对应的下行文。

关于××市××大桥拓宽修整改造工程项目立项函的批复

××市城市建设投资有限责任公司:

你司《关于要求市××大桥拓宽修整改造工程项目立项函》(城投[2019]11号)收悉。为加快城市道路规划建设,满足城市发展需求,经研究同意你司该改建项目立项。该项目全长314.02米,为6孔净跨48米、7肋6波双曲拱桥,每跨两边各跨腹孔……减轻栏杆重量,增强桥梁稳定性。

项目总投资:1100万元

项目资金来源:企业自筹

项目建设期:180天

希接文后,抓紧做好前期工作,以便项目按计划组织实施。

特此批复。

××市城市规划管理局

××××年×月××日

这是一篇针对性批复。批复针对××企业对大桥拓宽修整的请示，先阐明"为加快城市道路规划建设，满足城市发展需求"，后技术性分析事项的实施方式及可行性，紧接着做出批复事项，悉数明确资金数额、来源、建设周期，行文规范。

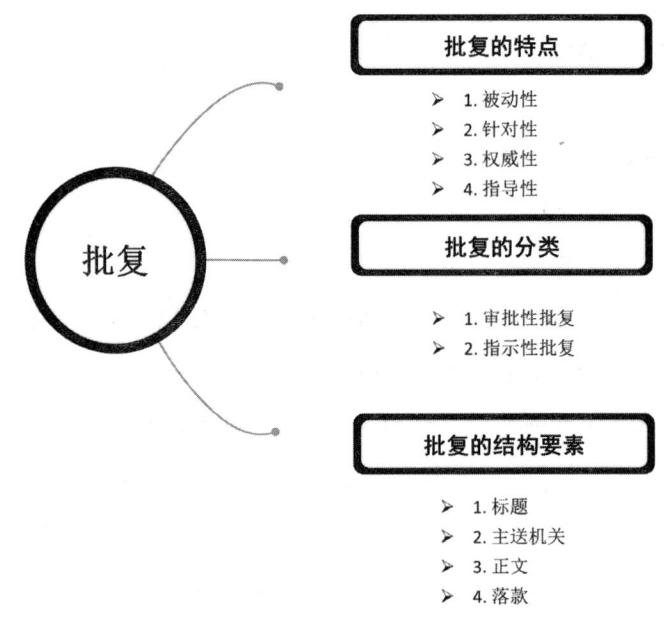

二、批复的特点、分类和结构要素

（一）特点

1. 被动性。必须以下级机关的请示为前提，先有请示后有批复，行文具有被动性。

2. 针对性。应针对请示内容，请示什么就批复什么。批复对象要针对请示机关，谁请示就给谁批复。

3. 权威性。对下级机关具有行政约束力。不管上级机关对请示事项同意与否，有了批复必须严格执行，不得违背。

4.指导性。指导下级机关工作，不仅要表明态度，还应说明方针、政策以及执行中的注意事项。

（二）分类

根据内容和性质，分为审批性批复和指示性批复两类。

1.审批性批复。主要针对下级机关的批准性请示、批转性请示做出审批答复。

2.指示性批复。主要针对方针、政策问题进行答复。此类批复不仅对请示机关做出，指示内容在一定范围内还具有普遍的指导和规范作用。

（三）结构要素

批复一般由标题、主送机关、正文、落款组成。

1.标题。一般有三种形式：一是由发文机关＋事由＋文种构成，如"国务院关于××市城市总体规划的批复"；二是由事由＋文种构成，如"关于调整自来水价格有关问题的批复"；三是由发文机关＋来文标题＋文种构成，如"公安部对《关于鉴定淫秽物品有关问题的请示》的批复"。有些批复在标题中会直接表明对请示批复的态度，如"国务院关于同意开放××××航空口岸的批复"。

2.主送机关。即请示的来文机关。

3.正文。由批复引语、批复内容、结语构成。批复引语是批复的原因和依据，一般用一句话引述来文的标题或标题及日期，说明"收悉"，常用惯用语"经研究，现批复如下"过渡下文；批复内容主要针对请示事项给予明确具体的指示、肯定或否定的答复；结语一般用"此复""特此批复"等专门用语。

4.落款。写明批复机关单位全称和成文日期。

任务五　通知

一、通知的概念

通知是适用批转下级机关的公文、转发上级机关和不相隶属机关的公文、传达要求下级机关办理和需要有关单位周知或者执行的事项、任免人员的公文，它属于下行文或平行文，任何机关、企事业单位和社会团体都可使用。

国务院办公厅关于 2020 年节假日安排的通知

国办发明电〔2019〕16 号

各省、自治区、直辖市人民政府，国务院各部委、各直属机构：

经国务院批准，现将 2020 年元旦、春节、清明节、劳动节、端午节、国庆节和中秋节放假调休日期的具体安排通知如下。

一、元旦：2020 年 1 月 1 日放假，共 1 天。

二、春节：1 月 24 日至 30 日放假调休，共 7 天。1 月 19 日（星期日）、2 月 1 日（星期六）上班。

三、清明节：4 月 4 日至 6 日放假调休，共 3 天。

四、劳动节：5 月 1 日至 5 日放假调休，共 5 天。4 月 26 日（星期日）、5 月 9 日（星期六）上班。

五、端午节：6 月 25 日至 27 日放假调休，共 3 天。6 月 28 日（星期日）上班。

六、国庆节、中秋节：10月1日至8日放假调休，共8天。9月27日（星期日）、10月10日（星期六）上班。

节假日期间，各地区、各部门要妥善安排好值班和安全、保卫等工作，遇有重大突发事件，要按规定及时报告并妥善处置，确保人民群众祥和平安度过节日假期。

国务院办公厅

2019年11月21日

这是一则事项性通知，开头写明发布通知的依据和缘由，然后是具体通知的事项，最后是简要提出安排好值班和安全、保卫等工作的要求。

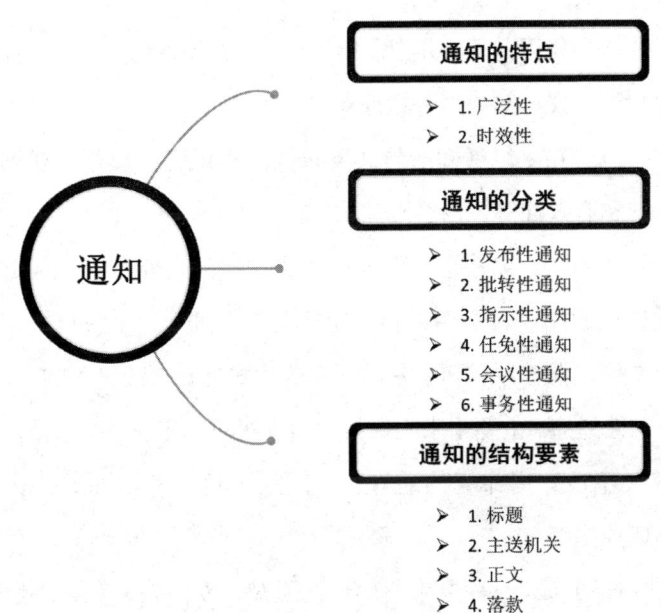

二、通知的特点、分类和结构要素

（一）特点

1.广泛性。通知是《国家行政机关公文处理办法》规定的 13 种行政公文中使用范围最广、使用频率最高的一种，它不受发文单位级别、性质的限制。无论是国家领导机关还是基层单位，无论是国家大事还是单位内部事务，都可用通知的形式发布。

2.时效性。指执行的时效性。通知往往是为了解决工作中的具体问题，问题解决了，通知执行的时效性随之消失，所以通知在一定的时间内有效，要求立即执行、办理。

（二）分类

根据性质和使用范围，分为发布性通知、批转性通知、指示性通知、任免性通知、会议通知、事务性通知等。

1.发布性通知。以通知的形式发布规章和规定，宣布该规章或规定的执行标准和有效性等，内容、写法较简单。

2.批转性通知。以传达、转发外单位文件为主要目的，包括转发性通知和批转性通知。转发性通知，是转发上级机关、平级机关和不相隶属机关的文件；批转性通知，是以通知的形式批转下级机关的文件。

3.指示性通知。主要用于上级机关向下级机关布置工作、做出指示，根据内容又不适宜用命令的通知，多用于下达任务、部署工作、交代方法、阐明原则等。

4.任免性通知。一种专用的事项性通知，专门在任免、聘用干部时使用。

5.会议性通知。主要用于组织召开会议，向参加会议的机关单位或人员告知会议内容、时间、地点及注意事项等。

6. 事务性通知。主要用于传达信息、告知事项、处理日常工作等，如布置工作、安排活动、启用印章、催要材料、变更作息时间等。

（三）结构要素

通知一般由标题、主送机关、正文、落款和附件构成。

1. 标题。一般有三种形式：一是发文机关＋事由＋文种，如"国务院办公厅关于2020年节假日安排的通知"；二是事由＋文种，如"关于2019年度专业技术人员资格考试计划及有关问题的通知"；三是以文种"通知"为标题。

2. 主送机关。多时可用通称，少时用个称，单位内部使用时可以不写主送机关。

3. 正文。由开头、主体和结尾三部分组成。开头主要交代通知的缘由、根据、目的或情况；主体说明通知的具体事项，内容多时可分条列出；结尾提出执行要求，一般用专门用语，如"特此通知"等。

4. 落款。即发文机关名称及发文日期。

5. 附件。发布性通知、批转性通知需要写清附属材料，有些会议通知需要回执等。

任务六 通告

一、通告的概念

通告适用于公布社会各有关方面应当遵守或周知的事项，使用范围广泛，行政机关、企事业单位、社会团体皆可使用。

洛阳市房产管理局、洛阳市工商行政管理局、洛阳市公安局、洛阳市地方税务局关于联合整顿房产租赁市场的通告

为加强我市房地产租赁市场管理,维护社会稳定,促进房产租赁市场健康发展,保护租赁当事人的合法权益,经洛阳市房产管理局、洛阳市工商行政管理局、洛阳市公安局、洛阳市地方税务局研究,决定用3个月依法对我市房屋租赁市场秩序进行全面整顿。现将有关事宜通告如下。

一、整顿的范围:本市城市建成区范围内的机关、团体、部队、学校、企事业单位以及个人的房屋租赁。

二、房屋租赁当事人签订、变更租赁合同,应当在租赁合同签订后持房屋有效证件(房屋所有权证或复印件、房屋买卖合同等)到市房产管理部门办理登记备案手续。单位从事出租房屋的,应到市房产租赁管理处办理租赁备案手续;个人出租房屋的,应到所在地房产管理分局办理租赁备案手续。

三、从事房屋出租经营的单位和个人,须经洛阳市工商行政管理局专业分局依法核准登记,颁发营业执照后方可开展出租活动。

四、市公安局在办理暂住户口登记和暂住证时,应查验房屋租赁登记备案证明,对没有经过房产管理部门登记备案的出租人、承租人,督促其到房产租赁管理处登记备案。

五、办理租赁备案手续、取得租赁"营业执照"的单位和个人,应及时到税务部门缴纳房产营业税,有偷逃税收行为的,税务部门将依法予以处罚。

六、出租人已办理过租赁备案手续和房屋租赁"营业执照"的,应进行年检,超过有效租赁期未续办者,自本通告发布之日起30日内,持原有租赁证件到市房产租赁管理处进行审验、登记、续办、补办手续。

七、"房屋租赁证"是房屋租赁合法有效的凭证。未办理"房屋租赁证"擅自出租房屋的,由房产管理部门依法责令限期补办,逾期仍未办理的,将依照《洛阳市房屋租赁管理办法》(市政府72号令)处罚。

八、对伪造、涂改、骗取"房屋租赁证",未如实填报租赁合同,有意少报出租房屋户数、面积、租金金额等行为的,一经查出要重新登记办理;房屋租赁当事人和有关人员干扰阻挠房产管理部门租赁管理人员依法执行公务的,由公安机关依照《中华人民共和国治安管理处罚法》规定处罚,构成犯罪的,由司法机关依法追究刑事责任。

九、在整顿期间,凡未按规定时间到管理部门进行办理或续办手续的,将终止租赁行为。

(印章)
××××年×月×日

这是一份法规性通告,正文首先交代发文的目的和依据,后分条写明通告事项。条款清楚,结构完整。

二、通告的特点、分类和结构要素

(一)特点

1. 使用的广泛性。任何行政机关、企事业单位、社会团体等组织都可以发布通告。

2. 发布范围的有限性。只适用于一定范围公布,让相关人员知道。

3. 发布方式的特殊性。一般不用文件的形式发布,常常以登报或张贴的形式发布。

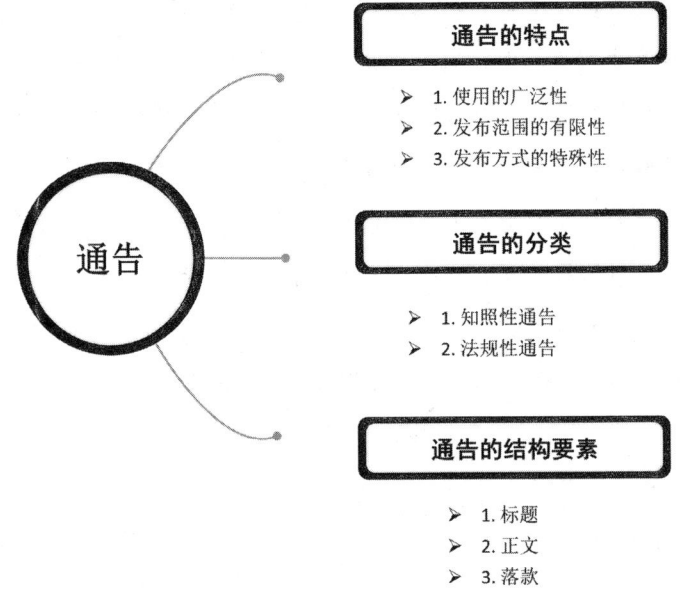

（二）分类

根据通告的性质和使用范围，分为知照性通告和法规性通告。

1. 知照性通告。用于公布社会各有关方面应当知道的事项。其重点在于告诉社会各有关方面的公众知晓，不在于提出具有约束力的要求和措施。

2. 法规性通告。用于发布社会各有关方面应当遵守的事项。其重点在于要求有关单位和人员必须遵守通告规定的事项，法规性较强。

（三）结构要素

通告一般由标题、正文、落款构成。

1. 标题。一般有四种形式：一是发文机关＋事由＋文种，如"××市人民政府关于严厉打击传销行为的通告"；二是事由＋文种，如"关于依法维护××新区建设征地拆迁秩序的通告"；三是发文机关＋文种，如"国家邮政局通告"；四是以文种"通告"作为标题。

2. 正文。包括开头、主体和结尾三部分。开头写明发布通告的目的、意义或依据，用"现通告如下"过渡到下文；主体写明通告的具体内容、事项和实施措施等，内容较多的一般分条款来写；结尾一般用"特此通告"结束全文。

3. 落款。即发文机关名称和成文日期。

三、通知与通告的异同

通知与通告的相同之处，在于用来传达上级机关的意图和要求，并要求下级机关或有关人员遵守、了解并配合执行的文种。它们的不同之处有以下几点。

第一，告知范围不同。通告是普遍告知发文机关的意图、要求并遵守；通知既可普遍告知发文机关的意图、要求并配合，也可特定告知，即只告知与通知内容有关的单位和个人。需要普遍告知但告知对象无法限定时，用通告；需要特定告知也可限定告知对象时，用通知。

第二，格式不同。通告是普遍告知，无法限定告知对象，所以无法确定主送机关；通知是特定告知，告知对象可以很具体，至少可以限定在一个比较明确的范围，所以有主送机关。

第三，行文渠道不同。内部行文告知下级机关或有关人员办理或了解某一事项时用通知；向社会公开行文告知人们应当遵守或知道某一事项时用通告，所以通告可以张贴、广播、登报等。

任务七　通报

一、通报的概念

通报是适用于表彰先进、批评错误、传达重要精神或情况的公文。

关于餐饮部员工马婷婷、曹清华的通报表扬

6月25日，餐饮部员工马婷婷在客人离席后准备收拾餐桌时，发现就餐客人在包房内遗留了一个黑色皮包。马婷婷按照饭店规定迅速将皮包上交给主管曹清华，告知具体情况，并与曹清华一起追至餐厅门口，发现客人已经离店。

为进一步确认客人身份，曹清华和马婷婷一道打开皮包，发现皮包内有数千元现金和数张银行卡，同时也找到了客人的身份证。

为尽快找到失主，曹清华查看客人预订记录和电话，发现这位客人是餐厅的老客户。曹清华马上给客人打电话，客人接到电话后一再对餐厅表示感谢，并表明对餐厅的充分信任。一小时后，客人过来取走皮包，再次对餐厅员工拾金不昧的精神给予高度赞扬。

餐饮部员工用规范服务和实际行动赢得客人的信任与赞誉，反映了急客人之所急、想客人之所想的服务意识，体现高尚的职业操守。这种好人好事是新时期新风尚，这种拾金不昧的精神值得我们全体员工学习和发扬！

经研究决定，对餐饮部员工马婷婷奖励现金500元，予以通报表扬；

对餐饮部主管曹清华和迎宾组予以通报表扬。

特此通报！

×× 餐饮集团行政办公室

二零一九年六月二十七日

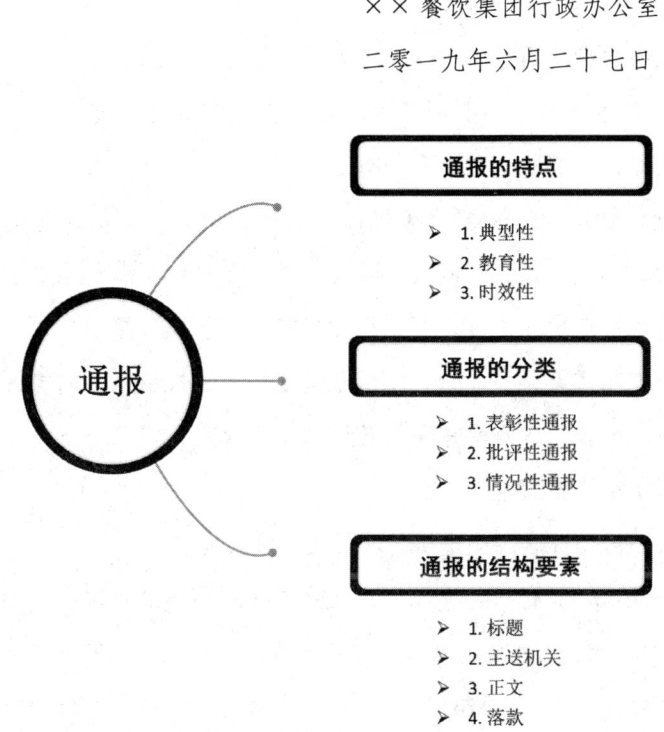

二、通报的特点、分类和结构要素

（一）特点

1. 典型性。无论是表彰先进、批评错误，还是传达重要精神或情况，通报内容必须具有典型性，而不是一般性的人、事、情况。

2. 教育性。通报是为了宣传、教育广大人民群众弘扬正气，或鼓励先进、批评错误、汲取教训、警醒群众，使人真正从思想上形成正确的认识。

3.时效性。主要反映最近存在的新情况、新问题、新经验等,具有较强的时效性,必须抓住有利时机及时通报,才能达到宣传、教育的目的。

(二)分类

根据内容和功用,分为以下三类。

1.表彰性通报。主要用于表彰和宣传先进集体、先进个人的典型事迹,总结成功经验,号召人们向先进学习。

2.批评性通报。主要用于批评处理重大事故、事件、违法违纪案件等,树立反面典型,告诫人们汲取教训,防止类似错误再次发生。

3.情况性通报。主要用于上级领导机关向所属下级机关传达有关重要情况,发布重要信息,以便下级机关及广大人民群众及时掌握有关施政方针,统一认识,协调并推动工作。

(三)结构要素

通报一般由标题、主送机关、正文、落款构成。

1.标题。一般有三种形式:一是发文机关+事由+文种,如"教育部办公厅关于近期××学校食物中毒事件的通报";二是事由+文种,如"关于处理××单位建房、分房中违纪事件的通报";三是只写文种"通报"。

2.主送机关。指被通报者的名称。普发性的通报不写主送机关。

3.正文。不同类型的通报,正文结构和内容有所不同。表彰性通报和批评性通报的正文结构基本一致,一般由事由、分析评价、决定事项和希望要求四部分构成。事由主要概述事项的时间、地点、人物、原因等;分析评价主要是分析事项积极或消极意义及带来的正面或负面影响,表明肯定或否定态度;决定事项主要是宣布奖励或处分的决定;希望要求主要是号召人们向被表彰的人物和事迹学习或从错误中汲取教训。情况性通报的正文结构一般由三部分组成:第一部分先概述情况;

第二部分主要总结经验教训，指出存在问题，说明处理结果；第三部分提出改进工作的希望和要求，有些通报可省略此部分。

4.落款。即发文机关名称及成文日期。

三、通知与通报的异同

通知与通报的相同之处在于，都属于告知性文种，要求有关单位和人员了解公文内容或配合执行，属于下行文。它们的不同之处有以下几点。

第一，发文目的不同。通知在于让收文机关知道要做什么以及如何做、有哪些注意事项等；通报是让收文机关了解发生了什么事，哪些事应该提倡、表彰，哪些事应受到批评和处罚，哪些事应该提高警惕等。

第二，内容不同。通知侧重提出要求，明确界限；通报侧重说明、介绍某些事物或情况，可以提出具体要求，也可不提任何要求。

第三，发送对象不同。通知的对象都是与内容有直接关系的单位和个人；通报不但要发给与内容有直接关系的单位和个人，往往还发给与通报内容无直接关系的单位和个人。

任务八　函

一、函的概念

函是平行机关或不相隶属机关相互商洽工作、询问和答复问题，或者向有关主管单位请求批准和答复审批事项时使用的公文,是典型的平行文。

××市汽车运输公司关于要求赔偿损失的函

××省汽车贸易中心:

本公司××××年×月×日向贵中心购买了附有商检合格证的××FC型6吨卡车18辆,同年×月×日提货,×月××日投入营运。这批车经使用后,发现其前后轮内侧外胎不规则呈现锯齿形磨损,一侧内边缘最为严重。经市质量安全局第七检测站检验,初步认定这批车有严重的质量问题。为此,本公司特向贵中心提出如下赔偿要求。

一、请贵中心于本月××日前派人来我公司察看车辆损坏情况和质量鉴定结果原件。

二、重新按质论价,赔偿经济损失或退货。

希望贵中心本着信用原则,按国家有关法律规定同我公司协商解决。

特此函达,盼即复。

附件:1.购车发票两张(复印件)
2.××市质量安全局第七检测站检验书

(公章)

××××年×月×日

这是一份商洽函,正文首先表明发函的依据和目的,然后提出赔偿事项,并附上相关佐证材料,最后提出希望和要求。语言平和、有礼有节。

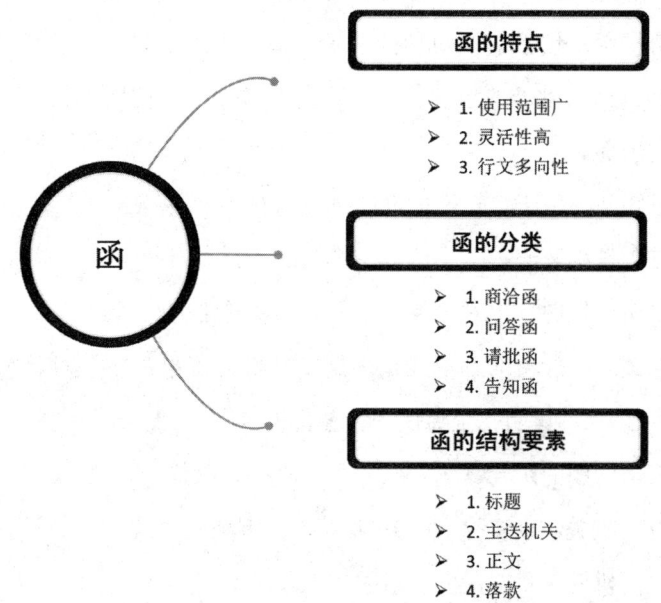

二、函的特点、分类和结构要素

（一）特点

1. 使用范围广。既可用于商洽工作、询问和答复问题，又可向主管部门请求批准和答复审批事项，任何级别的机关、企事业单位、社会团体都可以使用。

2. 灵活性高。篇幅一般比较短小，内容单一，尽量做到言简意赅。

3. 行文多向性。函虽属于平行文，但可以用于上下级单位和部门相互行文，兼有上行和下行方向。

（二）分类

根据行文的目的和内容，分为商洽函、问答函、请批函、告知函等。

1. 商洽函。用于不相隶属机关单位之间相互商洽事项，联系工作。

2. 问答函。询问函与答复函的合称，主要用于机关和部门之间相互询问问题、征求意见和答复询问事项等。

3. 请批函。包括请批函和批准函。请批函用于向不相隶属机关及有关主管部门请求批准的事项，批准函是有关主管部门向不相隶属机关回复批准的事项。

4. 告知函。用于告知不相隶属机关的有关事项。

（三）结构要素

函一般由标题、主送机关、正文、落款等部分组成。

1. 标题。一般有两种形式：一是发文机关＋事由＋文种，如"董事会同意关于××集团在上海成立事业部的函"；二是事由＋文种，如"关于大豆出口问题的函"。

2. 主送机关。即受文并办理来函有关事项的机关，一般只有一个，复函的主送机关就是来函发文机关。

3. 正文。一般由开头、主体、结尾构成。开头主要写明发文原因和目的，复函则先引述来函标题、发文字号等，说明函已收悉，然后用"现将有关问题说明如下"过渡到下文；主体部分写明商洽、询问、告知或请求批准的事项，内容往往单一，即一函一事，内容较多的可以分条写，复函要针对来函事项给予明确答复；结尾常用惯用语，去函常用"特此函达""即请复函""敬请回复"等，复函常用"特此函复""此复"等。

4. 落款。署上成文日期，加盖发文机关印章。

任务九　会议纪要

一、会议纪要的概念

会议纪要是记载和传达会议情况及议定事项的公文,主要作用是上传下达,具有多向性:可用于向上汇报,使上级机关了解情况;也可用于向下传达,以便下级机关遵照执行;还可用于平行文,与其他单位互通情况,交流信息。

全国城市经济体制改革试点工作座谈会纪要

(××××年×月×日)

××××年×月×日至×日,国家体改委在××省××市召开了全国城市经济体制改革试点工作座谈会。31个省、自治区、直辖市体改委(办)的负责同志,58个试点城市的负责同志,以及中央、国务院有关部门的负责同志共200多人参加了会议。会上传达了中央领导同志最近的重要讲话,交流了试点城市改革的情况和经验,研究了在新形势下要积极推进城市经济体制改革需要进一步开展的工作。

一、统一认识,明确今年改革的方针和主要任务……

二、进一步简政放权,政企分开,搞活企业……

三、充分发挥社会主义市场经济,理顺经济关系……

四、精心指导,保证改革健康发展……

与会同志一致表示,当前改革进入攻坚阶段,我们要坚定地贯彻党中央和国务院的部署，精心组织，精心指导，搞好调查研究，把城市经济体制改革引向深入，为建立有中国特色的社会主义市场经济做出新贡献。

这既是一份座谈会议纪要，又是专题性会议纪要，正文导语部分介绍了会议的基本情况，然后分条列项写明会议讨论、研究和议定的事项。

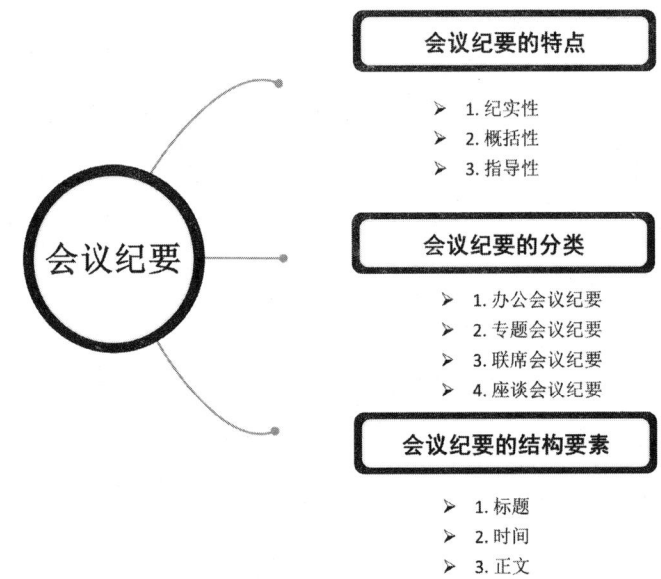

二、会议纪要的特点、分类和结构要素

（一）特点

1. 纪实性。会议纪要是对会议基本情况、主要精神、议定事项等的客观反映，不得随意更改和删减。

2. 概括性。会议纪要是归纳整理会议的主要内容和主要精神，不是将会议内容一一反映出来，而是进行概括和总结，有条理地陈述会议的主要精神。

3. 指导性。会议纪要应反映会议的主体精神和主要问题，一经下发，对有关单位和人员有行政约束力和指导作用，必须遵守和执行。它还可以作为与会人员汇报和传达的文字依据。

（二）分类

根据内容和性质，分为办公会议纪要、专题会议纪要、联席会议纪要、座谈会议纪要等。

1. 办公会议纪要。这是行政机关或企事业单位召开行政办公会议和例会时，根据会议研究决定的问题形成的会议纪要。它是反映机关或单位领导活动、主要决策和处理日常工作的内部文件，用于传达会议研究的工作、议定的事项和布置的任务，要求有关单位遵照执行。

2. 专题会议纪要。这是专门记述各级行政机关组织召开各类专门性工作会议而形成的会议纪要，主要特点是主题的集中性和观点的分呈性相结合，既要归纳集中统一的认识，又要将各种观点意见归纳表达出来。

3. 联席会议纪要。指将多个部门联合召开会议的情况和议定事项或决定进行整理形成的会议纪要，特点是各方意见达成共识，以便共同遵守执行，否则不能形成会议纪要。

4. 座谈会议纪要。是指根据座谈会议讨论的内容形成的会议纪要。

（三）结构要素

会议纪要一般由标题、时间、正文三部分构成。

1. 标题。一般有以下几种：一是会议名称＋文种，如"关于庐山地区旅游资源开发问题的会议纪要"；二是发文机关＋会议名称＋文种，如"卫生部关于全国地方传染病防治工作会议纪要"；三是复式标题，即有正副标题，正标题多阐释会议主要精神，副标题一般写明会议名称、范围和文种，如"抓住机遇扩大开放——沿长江五市对外开放研讨会议纪要"。

2. 时间。会议通过或领导人签发的时间，一般置于标题下、正文上的居中位置,用括号括起。

3.正文。一般有导语、主体、结语三部分。导语主要概括会议的基本情况,包括会议名称、时间、地点、主持人、议程、参加人员以及主要成果等,用"现将本次会议研究的几个问题纪要如下"过渡到下文;主体是会议纪要的主要内容,主要记载会议讨论的问题、研究的工作、做出的决定、布置的任务,是与会单位共同遵守执行的依据;结语通常提出对贯彻执行会议精神的要求或希望和号召,或与会者表示的决心等结束全文。有些会议纪要正文写完之后也会自然结束。

不同类型的会议纪要,其具体写法不同,主要有归纳式、概述式、记录式等。

项目三
事务公文

☆ 学 习 目 标 ☆

了解各种事务公文的概念、分类等基本知识;明确各类事务公文写作上的侧重点;熟知事务公文各文种的特点和写作注意事项;掌握各种事务公文的写作方法,熟练写作计划、总结、简报三种常用公文。

☆ 关 键 词 ☆

计划／总结／述职报告／简报／会议记录／调查报告

事务公文，是指机关、单位、团体和个人为处理日常事务使用的除法定公文以外的其他文体。它属于公务处理运用工具的一种，但没有公文那么严格、缜密，包含计划、总结、述职报告、简报、会议记录、调查报告等。

任务一　计划

一、计划的概念

计划是指单位或个人为了在一定时期实现一定的目标，制定相应措施和步骤的事务公文，通常所说的规划、安排、设想、方案等都属于计划范畴。日常学习和生活中，制订周密的计划可确保任务更好地完成，并对日后工作起着明确的指导作用。

××学院团总支学生会2019—2020学年工作计划

为了更好地促进我学院团总支学生会工作上水平、上台阶，我系团总支、学生会把2019—2020学年共青团工作，结合我系的实际情况进行规划，现拟定如下。

一、指导思想

紧密围绕学院党委和上级团组织，切实加强团员青年的思想政治教育，抓好基层团组织建设、校园文化建设，优化学生干部培养管理模式，加强文化和服务阵地建设；利用有利形势，挖掘和整合现有资源，积极探索新模式、新途径，全面推进我院团的建设和高素质人才培养，不断增强团组织的凝聚力、号召力和战斗力。

二、工作原则

明确任务，分清主次，以科学发展观为指导，统筹兼顾，合理运用资源，集中精力致力于学生的思想引领、学习能力和综合素质的提高。

三、具体工作

（一）深化大学生思想引领工作，着力构建以主题活动、集中培训、网络引导、分层教育、典型宣传为载体的工作体系

1.通过专题宣讲、形势报告、演讲辩论、社会实践等形式，广泛开展主题教育活动，激励广大团员坚定理想信念，激发青年学生成才报国的情怀。

2.通过学院网站、团委网站、微博、QQ群、学工通讯、宣传橱窗和新闻媒体等各种宣传载体，大力宣传大学生思想政治建设的优秀成果和先进事迹，在我系范围内营造争先创优的氛围，充分发挥团学组织的积极作用，注意倾听学生的呼声，准确把握学生的思想变化，及时了解学生的具体需要，切实关注大学生的情感、就业等问题。同时，运用学生喜欢的沟通、联络、交流、聚集方式以及语言风格、话语体系与他们交流，有效收集、分析、研讨青年舆情信息，积极了解大学生思想状况，增强学院学生工作决策的科学性、针对性。

（二）加强共青团组织建设，切实提高服务大学生成长、成才的能力

1.加强团组织自身建设，扎实推进基层团建工作。

2.加强学生干部队伍建设。一是进一步规范学生干部的选拔、考核、任命等工作的规则和程序，以建设服务型的学生组织为目标，不断提升学生干部的服务意识，切实使团学组织为广大学生提供有效服务。二是

加强对学生干部的培训指导工作,提高其业务能力和工作水平。三是加强学生干部的作风建设,建立高素质的学生干部队伍。

(三)规范工作,进一步加强共青团的制度建设

1.推进团组织制度建设。一是完善共青团组织的日常工作、学习、生活制度,发挥基层团组织作用,着力在工作方式等方面有所创新,及时总结基层新鲜经验。

2.建立团总支的各项规章制度,积极加强对各院系团总支的指导及管理工作,使工作过程精细化、程序化、高效化,做到工作前有计划、工作中有规划、工作后有总结。

(四)加强校园文化建设,推动校园文化繁荣发展

2018—2019学年,创业培训学院团总支学生会重点组织开展以下重要校园文化活动。

时　间	活动名称
2018年9月	迎新招干
2018年9月底	迎新晚会
2018年9—10月	新生军训征文比赛
2018年10—11月	新生杯篮球赛
2018年9—11月	暑假社会实践材料收集评选
2018年11月	新干事动员大会
2018年12月初	新干事联欢晚会
2018年12月中旬	圣诞联欢晚会
2018年12月	新生杯辩论赛
2019年1月	诚信考试动员大会
2019年3月	"三八"节慰问活动、植树节活动
2019年3月	女生节系列活动
2019年4月初	清明节缅怀先烈
2019年4月开始	"五四"评优暨"五四"表彰
2019年4—5月	科技文化艺术节系列活动及开幕式、闭幕式暨表彰大会
2019年5月	团学换届

(五)扎实做好各项常规工作

1. 做好2018级新团员组织关系的转接工作，继续加强团员证的管理和注册工作。

2. 每周召开团学组织工作例会，围绕我系的中心工作，制订切实可行的工作计划，确定阶段性目标，并结合实际学习政治理论，提高自身政治素养。

3. 定期召开专题讨论会，有重点地就当前学生中存在的热点问题进行专题讨论，敞开思想，积极向学院献计献策。充分调动团员积极性，提高共青团的凝聚力和战斗力。

新学年，新开始。创业培训学院团总支学生会在保持以往好成绩的基础上，进一步改进工作中存在的不足，使团学工作达到更高的要求和层次，开创团学工作新局面。

××学院团总支学生会
二〇一八年九月十八日

这是一篇某学院的学生会学年工作计划，前言部分明确指出计划的宗旨、目标与核心，对具体内容有初步了解。

正文分为三部分：1. 均围绕整个学年计划展开，第三部分"学生会具体工作"是中心内容，第一部分"指导思想"是基础，第二部分"工作原则"是为第三部分服务的，可谓重点突出，思路流畅。2. 本写作完全符合计划的可行性、周密性特点，尤其是周密性贯彻得十分到位。举例来说，第三部分具体活动的安排不仅考虑到学生的学习生活规律，更考虑到季节的适应性，如"缅怀先烈活动"安排在清明节前后、"新生杯篮球赛"安排在秋季，使计划切实可行。3. 第三部分具体活动安排以表格形式说明，这也是计划的表现形式之一，令人一目了然。

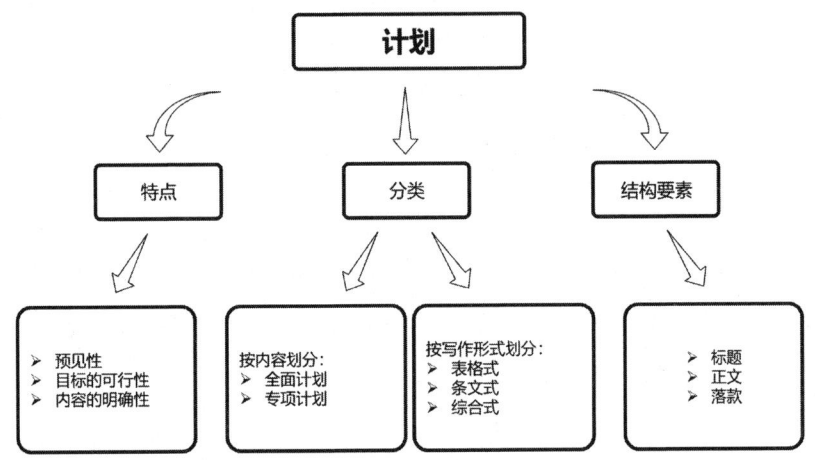

二、计划的特点、分类和结构要素

(一)特点

1. 预见性。它是写作计划的主导思想。计划制订于工作进行之前，而工作中往往会遇到某些新情况甚至困难，对此作者在思想上要有预先认识，对可能影响计划执行的各种主客观原因进行正确分析和判断，提出相应的解决措施。

2. 目标的可行性。制订计划的目的在于指导实践，因此计划所列目标必须从本单位或本人的实际情况出发，研究出计划得以实施的最佳方案，以确保计划切实可行，尤其应避免好高骛远。另外，鉴于工作中无法预测的意外事件可能对计划产生不良影响，在制定目标时要预留一定的可变通空间，不可过于呆板和固定。

3. 内容的明确性。任何一项计划都是专为某具体工作做出的，这就要求计划中所规定的任务、工作方法、步骤都应重点突出、具体明确，切忌空洞无物、语意模糊。

（二）分类

按不同标准，计划可分为不同类型。

1. 按内容范围划分。可分为全面计划和专项计划两种：全面计划指的是单位或个人在一定时期内对各项工作的计划，专项计划指单位或个人在一定时期内对某项工作的计划。

2. 按写作形式划分。

（1）表格式。它是使用表格形式将计划中的事项、内容、执行时间等表现出来的计划类型。这一形式适用于内容较简单、项目较固定、不必详细说明的计划，如课程表、日程表等，其优点是简便、易于查看。

（2）条文式。它是指将计划内容条文化地表现出来的计划类型，这是应用最普遍的计划形式，如工作计划、学习计划等，其优点是结构清晰、叙述具体、便于操作。

（3）综合式。它是表格式与条文式结合的计划类型，以条文为主，辅以表格说明，适合内容较复杂的计划，如大的计划中又有小范围的安排时，可考虑采用综合式进行写作。

（三）结构要素

计划主要由标题、正文和落款组成。

1. 标题。一般采用公文式写法，由单位、时间、内容、文种组成，文种可以采用"方案""安排"等，全面计划如"××公司2019年工作计划"，专项计划如"××公司2020年技术革新计划"。

单位名称和时间可根据情况省略；个人计划或无须特别注明单位的计划中，单位名称可以省略不写，如"××省×届大学生艺术节活动部署"；当计划无法指定确切时间时，也可省略时间一项，如"××公司薪资改革的初步方案"。

如果属于尚未正式确定的讨论稿，需要在计划标题后用括号注明"草案""未定稿""供讨论用"等字样。

2.正文。是计划的主要内容，包括前言、主体、结尾三部分。

（1）前言。主要表明制订计划的依据和指导思想，说明为什么要这样做，也可同时概括说明做什么、做到什么程度等。写作时简明扼要，可以统率、引领全文。前言可以与主体融为一体，也可省略不写。

（2）主体。它说明计划的基本内容，又称计划四要素，即具体的任务、目标、措施、步骤，是计划的核心。它紧接计划前言，内容较多，一般可标注序号或小标题。

①任务，即做什么，是计划完成的具体事项。任务写作要具体、明确且重点突出。

②目标，即做到何种程度，是计划中任务要达到的基本要求。目标选择要适度，符合计划的可行性特点，有达到的可能性。

③措施，即如何做，是完成任务和目标使用的具体方法。恰当的措施是实施并完成计划的保证，写作时要实事求是，既得当又得力。有些计划还应提出避免或克服障碍的有力措施，尽量周全。

④步骤，即何时做，指工作的程序和时间，哪些工作先做、哪些后做、具体哪个时间做，写作时必须做出科学合理的安排，才能保证计划有序进行。在措施与步骤中，对计划实行所需的部门、人员、条件等也应有具体规定。

（3）结尾。一般是提出希望，发出号召，以鼓励工作人员为实现计划而努力，如认为无必要也可省略不写。

3.落款。制订计划的单位名称和日期，写在计划正文的右下方。如标题中已有单位名称，此处可以省略。

任务二　总结

一、总结的概念

总结是单位或个人对前一阶段的工作、学习情况等进行回顾和分析研究，从中找出成绩和经验、问题和教训等规律性认识，为今后工作提供指导和借鉴的一种事务公文。

××学校××××年审计处年度工作总结

在校党委和行政部门的领导下，在上级主管部门的指导帮助下，我们审计处全体同志一如既往地贯彻和落实《审计法》《审计署关于内部审计工作的规定》和国家相关法律法规。以学校教育工作为中心，结合内审工作实际，紧紧围绕我校的热点、重点、难点问题开展审计工作，充分发挥内审的监督和服务职能，为学校领导及时提供决策根据。

我处全年共开展各项审计400余项，为学校节约了大量资金，在深化学校改革、促进廉政建设、加强财务管理、提高经济效益等方面，真正起到"经济卫士"和"参谋助手"的作用。由于工作成绩突出，我校审计处被评为××市内审工作先进单位，两人被评为校级优秀共产党员和"三育人"工作先进个人。

一、基础建设

××××年是我校各项改革迅速发展的一年，教学、科研、管理工作有条不紊地开展，为我们搞好工作提供了有力保证。我们审计处认真贯彻落实审计厅、教育厅等上级部门的指示精神，结合我校实际，坚持"完善自我，提高认识"的原则，努力完善审计制度，健全审计机构，调整人员结构。

1.参加制定学校物资采购、设备管理及相关规章制度若干项，规范经济行为，使审计工作进一步走向法制化、制度化和规范化。

2.学校机构改革后，进一步明确审计工作人员的职责和权限，使内审工作的内部监督职能进一步得到体现，更好地为领导提供决策根据。

3.调整人员的知识和年龄结构，新增专业审计人员2名（均为应届本科毕业生），加强审计队伍建设，一名同志获高级会计师资格。经验丰富的老同志和积极上进的年轻人相互交流、相互学习、以老带新、新老结合，形成一支知识结构和年龄结构较为合理、充满生机和活力的审计队伍。

二、学习及培训

强化措施，进一步提高审计人员的业务素质和政治素质，使我校每个内审人员都真正成为"思想领先、业务过硬、技能娴熟、务实高效"的工作高手。

1.派一名同志随同教育厅赴×国学习考察，获取大量审计工作信息及先进的工作经验。

2.和××大学、××理工大学等省内外高校相互交流，共同探讨审计工作新思路。

3.加强自身业务素质学习，积极进行学术研究和探讨，公开发表专业学术论文4篇。

三、参加后勤改革

随着高校后勤管理社会化改革的深入，我校后勤已逐步成为独立核算、自主经营、自负盈亏的经济实体，这要求我们必须创建、健全成本核算制度。我们参加制定一系列后勤改革的规章和措施，同财务处、后勤管理处一起对每个中心进行成本核算，并结合外校经验，根据本校实际制定各项定额标准，为推进学校的后勤改革和发展起到应有的作用。

四、参加校办产业改革

"科教兴国"和"发展高科技，实现产业化"战略的提出，给以高科技为特征的高校校办产业带来新的机遇和挑战。但由于校办企业和学校的利益并不完全一致，企业内某些同志往往为了个人利益或小集体利益而致学校利益于不顾，很难保证学校国有资产的保值增值。面对这一现状，我们会同财务处、企业管理处共同制定校办产业改革工作相关文件，对每个校办企业进行清产核资，摸清企业家底，改善经营环境，明确经济责任，提高经济效益，为学校的改革和发展做出贡献。

五、参加各项招投标工程及政府采购

随着学校改革的迅速发展，加强内部管理、强化内部监督机制显得尤为重要。学校工程建设和物资采购和市场紧密相连，要实现对工程建设和物资采购工作的有效控制，必须用各项规章制度来规范和约束。我们参加制定招投标程序及学校物资采购工作的相关规定并监督实施，在招投标工作中真正坚持公开、公正、公平的原则。对物资采购工作，审计处自始至终全过程参加，充分发挥事前、事中、事后审计的监督作用。一年来，共参加招投标项目及物资采购项目110余项，监督签订经济合同50余份，涉及金额近千万元，为学校节约资金130多万元，规范了学校物资采购行为，维护了学校的经济利益。

六、工作体会

1.领导的重视与支持是搞好内审工作的关键。我们在认真做好工作的同时，注重同上级领导的交流，不定期汇报工作情况，取得领导对内审工作的高度重视和大力支持。

2.健全的审计机构、合理的人员结构及知识结构，是做好审计工作的基础条件。

3.内审要树立服务意识。内审工作的监督、评价、控制职能必须着眼于为学校发展服务,把服务意识融入整个审计过程,在做好监督的同时为领导提供可靠的决策依据。

虽然我们取得了一定的经济效益和社会效益,但也面临许多新问题:审计工作亟须与国际接轨,审计制度有待进一步完善。面对这些挑战,在以后的工作中我们将抓住机遇,联系本单位的实际情况,努力使工作再上新台阶。

××××年×月××日

这是一篇会计专项工作总结,前言列举该处在××××年度的工作业绩:"全年开展各项审计400余项,为学校节约了大量资金",很好地领起下文。

正文部分前五点从本部门会计工作的特点出发,按逻辑顺序——基础建设、学习及培训一直到具体审计工作——讲述××××年度审计处会计工作的具体事项,列举大量工作事实,并有具体数字说明,特别是具体审计工作中通过精确的数据对比突出工作成绩,增强文章的说服力。第六点单列工作体会,总结从现象到本质的规律性认识,使主题得到提升。

结尾指出新形势下单位审计工作的努力方向,首尾呼应,使文章浑然一体。

二、总结的特点、分类和结构要素

(一)特点

总结除了有与计划相同的写作要求外,还应有以下特点。

1. 认识的理论性。总结不仅仅是反映情况，更重要的是找出成功的经验和失败的教训，探寻出规律性的东西，以指导工作。所以，总结要在正确理论的指导下，通过对材料的综合分析，透过工作现象认识其内在本质，将认识上升到一定的理论高度。可以说，总结的理论性越强，其指导意义越大，二者成正比。

2. 表述的概括性。总结是对自己或本单位工作的检查和评述，一般采用第一人称，表达方式为叙、说、议结合。无论哪种方式都应具有较强的概括性，不需要具体描写和展开论证。

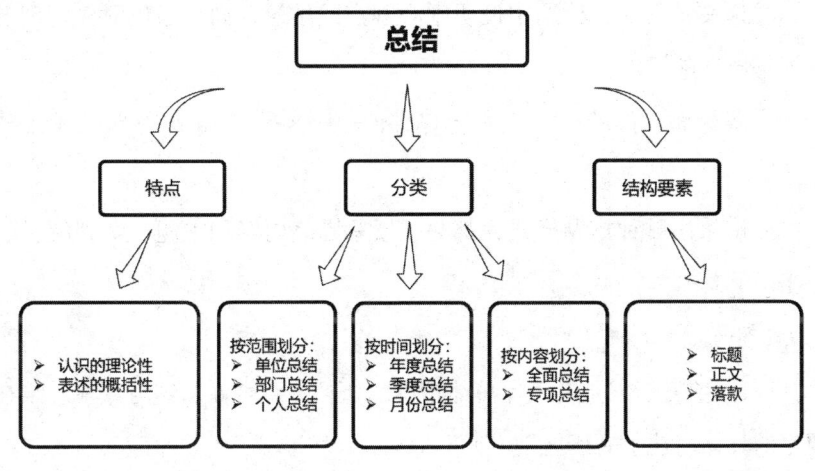

（二）分类

计划是事前行文，总结是事后行文，且是下一个计划制订的主要依据，所以二者的分类是相对应的。

1. 按范围标准分为单位总结、部门总结、个人总结等。

2. 按时间标准分为年度总结、季度总结、月份总结等。

3. 按内容范围标准划分：（1）综合性总结，又称全面总结，是对前一时期各项工作的总结，涉及面广，内容繁多，既要表现整体也要有所侧重，如公司年度总结。（2）专项总结，又叫专题总结，是对前一阶段某项工作的总结，其对象虽是专门的，但关系到此项工作各方面的内容不可一概而论，须主次分明。

（三）结构要素

总结的结构与计划相同，由标题、正文、落款三部分组成。

1. 标题。综合性总结和专项总结的标题写法有所不同。

（1）综合性总结的标题往往采用公文式写法，由单位、时间、内容、文种组成，如"××公司2019年工作总结"。

（2）专项总结的标题有以下三种。

①公文式写法，如"××公司2019年财务工作总结"。

②论文式写法，标题中说明中心观点或结论，如"强化财务管理要从抓基层做起"。

③双标题，如"有特色才能有成色——××公司2019年营销工作总结"。

无论采用哪种标题样式，都必须紧紧围绕内容和主题，做到醒目、突出。

2. 正文。

（1）前言。它是对工作总体情况的概括。综合性总结与专项总结在前言的具体写法上有所区别。

①综合性总结的前言写法较固定，主要是概述工作过程和对工作的基本评价。如某一阶段工作无大的特色，可用"某季度××公司在员工的共同努力下，做了大量工作，取得了一定成绩，但也有许多不足，现总结如下……"套语代替。

②专项总结前言的写法相对灵活，不受固定因素限制，一般有两种：一是总括观点，列出主要工作成果，如有的主要讲成绩经验，有的主要讲不足和教训。除专门总结失败原因的总结外，前言写作一般以概括成绩为主。二是用提问的方式导入主体内容。如某高职院校2019年学生思想教育工作总结的前言为："如何加强学生自控能力？如何使其政治思

想水平在现有基础上得到较大提高？这是今年我院学生思想教育工作中重点解决的问题。"专项总结前言必须具体写明工作成绩，不允许使用套语。

(2) 主体。一般包括三个要素，具体内容如下。

①成绩收获或问题教训，即做了什么，要求真实全面。

②具体做法，是对前言相关内容的展开，即如何做的、做到何种程度是全文的中心，内容最多，详细介绍工作方法与措施。

③存在不足与努力方向，即今后如何做，提出工作中的不当之处，找出改进的方法和目标。专项总结中，这部分可简写或省略，要求中肯、有针对性，切忌大而空。

主体部分的写作要求既有理论深度，又有典型事例和数据，使之对观点具有说服力；结构按由主到次的逻辑顺序排列；形式要分条列项。

3.落款。包括署名和日期，标题中如有单位名称则可省略，有些随公文送报的总结不必写日期。

任务三 述职报告

一、述职报告的概念

述职报告是国家机关、企事业单位或社会机构的领导人、公务员或专业技术人员，向上级领导机关、主管部门以及本单位的干部，陈述本人或集体履行岗位职责情况的书面报告，是一种有针对性、特定目的的工作总结。

××公司办公室文秘科长述职报告

李晴

各位领导、同事们：

去年7月，我通过总公司的竞聘上岗，担任公司办公室文秘科科长。我的本职工作内容主要包含：协调管理文秘科工作；管理各类档案资料与公司文件；负责部门行政奖罚汇总、部门文件的送签和分发；协助主管完成各项工作报告；协助来客接待和相关外联工作；完成主管交办的其他事务。

一年多来，在办公室主任的指导和部署下，在同事的支持、帮助和配合下，我认真地履行职责，并使文秘科的工作正常、有序、高效地运转，使各项工作任务能保质保量地完成。现将任职情况向各位进行汇报。

一、履行职责情况

（一）虚心学习，努力提高自身素质和能力

在公司工作期间，我真正体会到工作的高节奏、高效率、高标准、高要求，本着学习和探索的指导思想，虚心向前辈和同事求教，边学习边提高个人的工作能力。我利用工作和业余时间系统地学习了上级规定学习的书目、办公室业务部门的资料及相关理论、计算机操作技术等，熟悉了公司的规章制度，从多方面逐步提高自己的素质，对公司有关政策和文秘工作的认识水平均得到较大提高。

（二）通过探求新的工作方法，不断提高工作效率，规范工作程序

1.不断规范和完善办公文件处理程序。工作中，我始终按要求处理各种办公文件，包括及时传达上级和公司有关会议、文件、批示精神；及时完成总经理、公司所需文件的起草、有关材料的拟制等。由于每天来自各单位的文件数量较多，处理稍微有遗漏或不及时就会给各项工作

带来不利影响。因此，通过对工作实践的总结，我设计出更加适合来文处理的各种表格，使文件处理规范化、具体化、程序化，使科室其他成员能随时补位，及时处理来文。对于各分公司上报的公文，存在不规范行文格式的及时告知。

2.逐步提高会议记录技能。整理各种会议记录，是一项需要大量时间和精力的工作，因此，原始材料记录得越完整，对后期工作就越有利。我自费参加速记培训班，并利用业余时间练习速记技能，掌握速记技巧，进一步增强会议记录的速度，顺利完成工作所需的会议记录与纪要的写作。

3.信息管理工作更加到位。信息是及时、全面反映企业精神面貌和工作动态的资料，要求文秘科工作人员能够在第一时间迅速地对各分公司上报的信息进行整理、加工、催报。

（三）以身作则，加强管理，保证文秘科工作到位

文秘科的工作繁忙、琐碎，具有很强的时效性，处理紧急事情时就需要加班加点。对于领导临时交办的工作任务，我乐于接受并较好地完成。半年中，在时间短、任务重的情况下，两次积极配合监察部门整理有关材料……

二、存在问题和今后努力方向

回顾过去一年的工作，我认为自己虽然尽职尽责地完成了工作，但仍存在一些不足，主要有：对问题的调查研究深度不够，有些情况没有及时把握，以致为领导参谋、决策还不到位；处理科室工作人员的关系上有时考虑不够周全；工作中偶尔会情绪化，有急于求成的现象。

在今后的工作中，我还须努力做到：布置安排每项工作后及时提醒、把关，随时过问工作完成情况，重视工作细节，确保文秘科的工作为领导服务到位、为各部门工作协调沟通到位。

三、未来工作设想与建议

1.节约成本,实现无纸化办公。随着办公现代化的不断提高,办公室复印、打印成本费用大量增加。鉴于此,应充分挖掘网络作用,对公司内部一些知照性文件实行无纸办公,文件一律在局域网上发布,真正实现无纸化办公。

2.对文秘工作人员进行定期专业培训。通过这段时间的工作,发现办公室文秘工作人员由于流动性较大、专业知识稍有欠缺等,对文秘工作的规范化运作产生一定的影响,由此建议定期对办公室文秘工作人员进行专业和技能培训。

3.进一步重视企业文化建设。在市场竞争日益激烈的今天,积极向上的企业文化对调动员工的积极性和主观能动性发挥十分重要的作用,有针对性地创办内部刊物是完善企业文化的有效方式,文秘科可以负责刊物的采编工作。

××××年×月××日

这篇述职报告首先对自己的工作做出客观评价,表明诚恳的态度。主体部分在履行职责情况中先说明自己的职责,接下来结合具体工作业绩做了客观陈述,语言精练,没有多余的语句。最可贵的是,这篇个人述职报告不仅说出今后努力的方向,还对公司工作提出中肯建议,体现处处为公司着想的工作精神。

二、述职报告的特点、分类与结构要素

(一)特点

1.报告内容主次分明,个性突出。述职报告是在客观真实的基础上

对主要工作情况进行汇报，不要求面面俱到。报告内容必须突出主要问题，如有代表性的成果或典型经验教训，日常事务性例行工作可略写或不提。

2. 述职报告内容的个性更为鲜明。由于行业岗位各有不同，工作内容与要求必然各具特色。即使是担任相同职务的工作人员，其工作业绩与工作方式必有与众不同之处。述职报告是要在共性的基础上尽量表达自身的工作个性。

3. 表述方式直截了当。述职报告注重事实表现，表达方式以叙为主，辅之以简要说明，无须长篇大论。因此，报告中的语句要简明流畅，忌冗杂繁复。

4. 报告语气诚恳谦虚。述职报告是让有关人员或单位评价自己，字里行间应体现出谦恭有礼、诚恳好学的态度，切不可随意夸大和吹嘘。

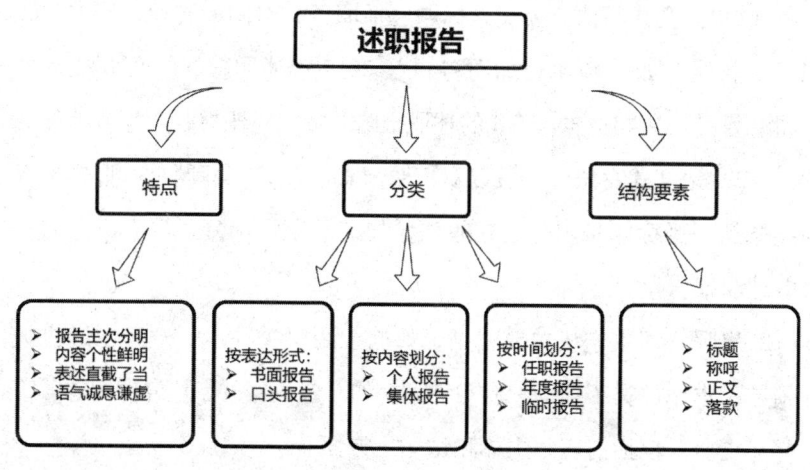

（二）分类

述职报告的分类方式比较简单，主要有三种方法。

1. 按表达形式，分为书面报告和口头报告两种。书面形式的述职报告，多是对上级或领导做出的；口头形式的述职报告，是以口语化语言对本单位职工做出的。

2. 按内容，分为个人述职报告、集体述职报告，后者是代表某部门或单位做的述职报告。

3. 按时间，分为以下几种。

（1）任期述职报告。是针对整个任职期间的工作表现做的总结性报告，如"××区长述职报告"。

（2）年度述职报告。是按单位要求做的定期工作报告，如"××公司总经理2019年述职报告"。

（3）临时述职报告。是指对担任的临时职务做的工作报告，如"××公司2020年招聘负责人述职报告"。

（三）结构要素

述职报告一般由标题、称呼、正文和落款四部分组成。

1. 标题。有两种写法。

（1）公文式写法。公文式标题包括职务、时间、文种，其中时间和职务可省略，如"××公司财务科长2019年述职报告"可写成"××公司财务科长述职报告""我的述职报告"或"述职报告"等多种形式。

（2）论文式写法。一般以双标题形式出现，正标题是对报告主旨的高度概括，副标题采用公文式写法，如"尽职、尽责、尽心、尽力——我的述职报告"。

2. 称呼。即主送机关或称谓，如向上级机关述职，应写主送机关；向领导和本单位员工述职，应写称谓，如"各位领导""各位同志"等。

3. 正文。包括前言、主体和结尾三方面。

（1）前言。是对自己所任岗位职责的介绍和工作情况的简评，即说明自己的任职时间、在此期间担任的职务和这一职务下的主要工作，并对自己的成绩做出概括性评价。有些针对性较强的述职报告，还在前言中写出明确的指导思想，如某开发区区长述职报告的前言为："我自2018年3月担任本区区长职务以来，在全市经济方针'努力搞活对外关系,大力发展旅游经济'的指导下,做了如下工作,现予以报告……"这部分的写作以简要为宜,重要内容应在主体中加以详尽阐述。

(2)主体。是述职报告的核心内容,详细陈述自己履行职责的情况,可按时间发展顺序分阶段叙述,也可按工作性质分类叙述。常用的是总结式写法,即采取与总结相同的写作结构,把所有工作进行综合分析,按任职期间所做工作、成绩、经验、存在问题及教训、今后工作的努力方向等进行叙述。主体部分的写作要有条有理,具体清楚,叙述时避免毫无感情的机械记录,对于工作的意义或负面影响等在措辞上应有所表现,并加以适当说明。

(3)结尾。是对主体内容的归纳,也可省略不写。

4. 落款。包括署名与日期,署名也可位于标题正下方。

任务四 简报

一、简报的概念

简报是为推动单位内部工作而写作的一种简短、快速的事务公文,又称内部参考、工作动态等。

简报应用范围广、频率高,在各级机关、团体和企事业单位的工作中常常使用。简报应用方式灵活,可上报给上级使他们及时了解本单位工作情况,也可送给平行机关或下发给下属机关进行快速信息交流,发挥着极大的沟通作用。

幼儿园安全工作简报

××××年11月18日

为保障幼儿园师生的生命和财产安全，提高全园师生的应急疏散应变能力，我园组织了一次消防逃生演习。

11月17日上午10:05，在没有通知教师的情况下，工作人员在中一班和中四班门口分别放置火源。发现火情后，门卫师傅拉响警报铃，迅速打开幼儿园门前的消防通道。

义务消防队员迅速拿起灭火器分赴现场查明起火点并灭火；行政后勤职工第一时间赶至医务室集合，听从领导小组人员分工；各班孩子在老师的带领下，用半湿毛巾捂住口鼻，离开教学楼安全地撤离至操场指定地点，共用时5分23秒。

这次消防逃生演习过程中，师生井然有序，各教职工发生火灾时能冷静地组织班级孩子有序撤离到安全的地方。尽管起火点导致部分班级不能按照既定逃生路线撤离，但教师在负责疏散的职工安排下，能迅速地通过其他通道撤离，反映出各教职工应对突发状况的灵活表现。特别要提到的是，孩子在撤离中发生鞋子脱落等情况，教师能以孩子生命为第一任务，抱起孩子及时撤离到安全场地。

为防止不良事故发生，我园会经常性地开展各种安全演练活动，切实保障每名师生的人身安全。

这是一则幼儿园师生进行消防逃生演习的简报，标题直接体现了简报的主题。所有内容均主次分明，重点内容较为详细，次要内容点到即止。

二、简报的特点、分类与结构要素

（一）特点

与其他事务公文相比，简报在写作上有着明显的独特之处。

1. 版面格式独特。简报有固定的版面格式，与其他事务公文区别较大，每一组成部分都有固定位置，不得随意改动，必须按规定写作。

2. 简报内容的写作特点，可概括为简、实、新三字。

（1）"简"即简要，以概括为主直述其事，以及时满足工作发展需要为目的，篇幅简短扼要，一般 2000 字以内为宜，常见的日常工作或活动简报往往只有几百字。

（2）"实"即真实，要求简报表现的内容实事求是，不得有虚构成分。

（3）"新"即适时，要求在真实的前提下，迅速反映工作中有普遍代表性的问题。

（二）分类

1. 按发挥的作用，分为反映性简报、交流性简报。反映性简报主要用于说明某些情况；交流性简报则通过展示工作情况，供本单位或与其他单位交流之用。

2. 按保密程度，分为内部流通简报、一般通行简报。内部流通简报仅限于单位内部阅读，通常注明"内部刊物，注意保存"字样；一般通行简报没有保密性，不做任何特别标注。

3. 按内容性质，分为工作简报、专题简报、会议简报三种。

（1）工作简报。侧重反映本单位的日常工作情况，如"××公司工作简报"。其目的是从工作中汲取经验、总结教训，使日常工作顺利开展。

（2）专题简报。侧重反映某项专门工作的动态、经验和问题。

（3）会议简报。专门连续报道会议从召开到结束期间的情况，反映会议的重要精神、发言及其他情况。许多大型会议往往通过若干期简报不间断地反映出来，目的在于及时交流，使会议圆满成功。

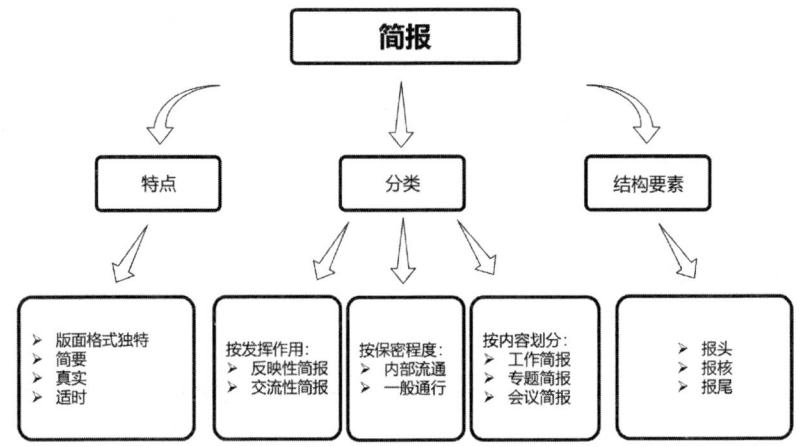

（三）结构要素

一篇格式完整的简报，包括报头、报核、报尾三部分。

1.报头。一般包括简报密级、编号、名称与期数、编印部门、印发日期等项目，一般用红色大字印刷，占第一页的1/3。

（1）密级，位于简报报头左上方。简报的保密级别不像公文那样高，但也不宜随意公开，有一定的保密要求，通常有内部流通与一般通行两种。

（2）编号，位于简报报头右上方，一般代表本简报在单位所有类型简报中的总期数，可以省略。

（3）名称与期数，位于简报报头中心位置。某单位或某类简报的名称一般很少改动，由单位名称、简报类型、文种组成，只要能体现出文种即可，其他项目可视情况省略，如"××工作简报"，也可为"××公司简报""工作简报"或"简报"。如果标题中有单位名称，一般分两行书写。期数括注于简报名称的正下方，可为总期数，如编号中已体现总期数，此处应为本简报在同类简报中的期数即分期数，如"××公司第22期情况简报"，指这份简报是××公司所有情况简报中的第22期。

（4）编印部门，位于简报报头左下方，一般为单位的办公室或秘书科。

（5）印发日期，位于简报报头右下方，常用小写，年月日要齐全。

2. 报核的写作方法。报核由按语、标题、正文构成。

（1）按语。有的简报采取加按语的方式引起重视，交代简报的写作背景，点明文章的重点，表达编者的看法等。

（2）标题。标题写作相当灵活，有公文式写法、新闻式写法两种。

①公文式标题的写法由事由＋文种组成，如"××公司情况简报"标题。

②新闻式写法，标题可单可双，单标题如"××学术交流大会圆满结束"，双标题如"认真试点，积极探索——驶进'快车道'的农村党员干部远程学历教育"。任何一种标题都要求直接体现简报内容。

（3）正文。包括开头、主体和结尾。

①开头，主要是介绍基本情况，如会议简报的开头涉及会议的时间、地点、议题等因素，要求简短概括，不宜展开。

②主体，叙述主要内容，可采用时间顺序和逻辑顺序两种方法：时间顺序即按事件发生发展的先后顺序来写；逻辑顺序即按材料之间的因果、主次等内在联系，归纳出几项内容或几个问题分别写作，适用于内容相对单一的工作或活动，如"××大学全体教师冬季运动会简报"。

主体写作要紧扣标题，紧接开头，层次清楚，脉络分明。

③结尾。可概括总结，呼应开头；也可提出号召与希望等，如简报篇幅短小且主体中各方面情况已叙述清楚，也可省略不写。

3. 报尾。包括简报的发送单位与印发份数。

（1）发送单位，位于报尾左下方。因发送单位与本单位的关系不同，严格来说，用词也应不同："报"是上传给上级单位；"送"针对平级或不相隶属的单位；"发"是下达给下级单位，也可用"发送"笼统表明。

（2）印发份数，位于报尾右下方。

任务五　会议记录

一、会议记录的概念

会议记录，是指在会议现场将会议有关情况快速、如实地记录下来，以便保存、查用的事务公文。它是本单位会议情况的原始材料，也是写作纪要、传达会议精神的基本参考资料。因此，会议记录应整理存档，以备本单位或有关部门查阅之需。

市场秩序整顿会议记录

时间：××××年4月8日上午8点30分

地点：××开发区管委会会议室

主持人：李××（管委会主任）

出席者：周××（管委会副主任，管城建）、李××（市建委副主任）、肖××（市工商局副局长）、陈××（市建委城建科科长）及建委、工商局有关科室宣传人员、街道居委会负责人。

列席者：管委会全体干部

记录：邹××（管委会办公室秘书）

讨论议题：

1. 如何整顿开发区市场秩序。

2. 如何制止违章建筑，维护市容市貌。

李主任报告开发区现状：我区过去在开发区党委领导下，各职能单位同心协力、齐抓共管，在创建文明卫生城市方面取得一定成绩，市场秩序有了一定进步，市容街道建设也较可观。可近几个月来，市场秩序倒退，街道上的小商贩逐渐多起来，一些建筑施工单位沿街违章搭棚、乱堆放材料、搬运泥土撒落大街……这些情况严重地破坏了市容市貌，社会各界反应很强烈。因此，今天请大家来研究：如何整顿市场秩序？如何治理违章建筑、违章作业、维护市容……

讨论发言（按发言顺序记录）

肖××（市工商局副局长）：个体商贩不按规定到指定市场经营，管理不得力，处理不坚决，我们有责任。这件事我们坚决抓落实：重新宣传市场经营有关规定，工商局全面出动抓落实，也希望街道居委会配合，具体行动方案我们再研究。

罗××（工商局市管科科长）：市场是到了非整顿不可的地步。我们的方针、办法都有了，过去实行过的都是行之有效的，现在的问题是要有人敢于抓，落到实处。

秦××（居委会主任）：整顿市场纪律，我们居委会也有责任，一定发动群众配合好，制止乱摆摊的现象。

李××（建委副主任）：去年上半年创建文明卫生城市时，市政府出了7号文件，规定施工单位不得临街设置工棚、工场，更不准侵占人行道，沿街施工要有安全防护措施……今年有的施工单位不顾市文件，违章作业，严重地影响街道美观和行人安全。希望管委会召集施工单位开一次会，重申市政府 7 号文件，要求他们限期改正，否则按文件规定惩处。

陈××（市建委城建科科长）：对犯规者，一是教育，二是合法处理。我们先宣传教育，如果施工单位仍我行我素不执行，就按文件的规章制度处理，他们也无话可说。

周××（管委会副主任，管城建）：城市管理，我们有文件、有办法，现在是贵在执行。职能部门是主力军，着重抓，其他部门配合抓。居委会把居民特别是执勤老人（退休职工）发动起来，按 7 号文件办事，我们开发区就会文明、清洁起来……

与会人员经过充分讨论、协商，一致决定：

1. 由工商局牵头，居委会和其他部门配合，第一周宣传，第二周行动，监督实施，做到坐商归店、摊贩归点、农贸归市，彻底改变市场紊乱状况。

2. 由管委会牵头，城建委等单位配合对全区建筑工地进行一次检查，然后召开一次施工单位会议，对违章建筑、违章工场限期改正。过时不改者，坚决照章处理。

散会。（上午 11 时 30 分）

主持人：李××（签名）

记录人：邹××（签名）

这是一篇比较典型的全面会议记录，格式完整规范，各种必要因素齐全，会议记录过程详细清楚，对每个与会代表的发言内容都进行了原始记录，保持了会议原貌。

二、会议记录的特点、分类与结构要素

（一）特点

1. 内容原始。会议记录用来反映会议的本来面貌，原始性是其最大特点。它要求会议记录事后不必做任何加工，记录内容客观、详细。客观是指原原本本记录与会者发言，不得有任何记录者个人的主观认识，更不能任意添加、删除或篡改发言者原意。详细，即记录的内容要全面，只要与会议议题有关的重要内容，哪怕是极小的细节也不得漏记。对于会议进程、与会者的发言顺序等，要按实况记录，不可随意改动。

2. 表达格式规范。会议记录从标题到结尾必须符合规定的格式，字体包括速记符号等都应规范书写，做到清晰、易于识别。

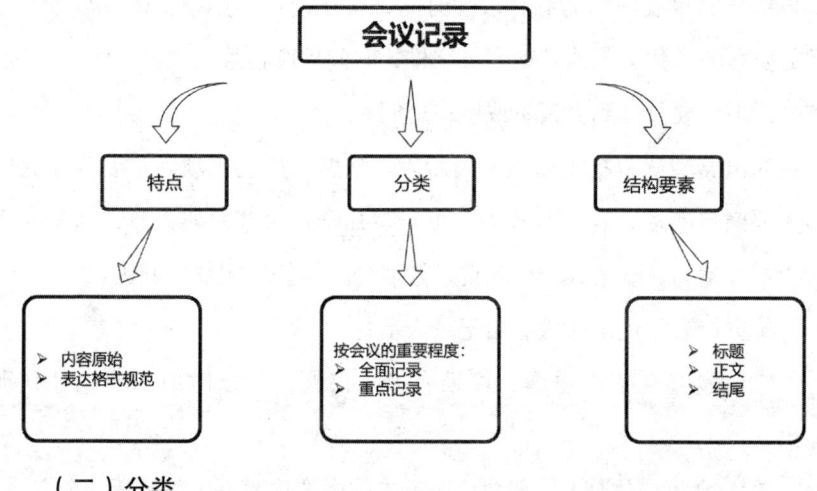

（二）分类

根据会议的重要程度，会议记录分为全面记录和重点记录两种。

1. 全面记录。即把会议中的所有情况，包括每个发言人原话、听众反应、会场情况等详细记录下来。对涉及政策性、原则性重大问题的会议，通常采用这种形式记录。

2.重点记录。有选择地记录与会议议题有关的发言内容和情况,甚至只记录重要内容,适用于记录讨论或解决一般事务性问题的会议。

(三)结构要素

会议记录包括标题、正文、结尾三方面。

1.标题。写法较简单,由会议名称和文种组成,其中会议名称可省略不写,如"××公司管理人员会议记录"。

2.正文。包括会议基本要素、会议具体情况两部分。

(1)会议基本要素,即会议的时间、地点、出席情况、主持人、记录人、议题等,每一项分行列出。

①会议时间要准确,必要时须精确到分钟。会议时间分为开会时间、休会时间和散会时间:开会时间,写在开头;如果会议较长需要中间休息,要在前段时间记录后另起一行注明休会时间,具体到分钟,会议再次开始也要注明时间;散会时间,写在最后。其中,休会与散会时间前要写清"休会"或"散会"字样,时间用圆括号括注。

②地点要具体到会议室或所在房间。

③出席情况包括出席人、列席人、缺席人姓名三项。重要会议的出席人要亲自签名,若人数较多,可只写几个代表或写明人数;列席人一般须本人签名;缺席人一栏除记录姓名外,最好写明缺席原因。

④主持人、记录人姓名由记录人填写。

⑤议题是会议的主题,如果有多个议题,记录时应标明序号分别写出。

(2)会议具体情况,即会议进行中的主要内容,一般包括三个方面。

①主持人、与会人员的讨论发言,要按顺序进行记录。

②会议上所做的报告,这是会议中的重要材料。报告内容根据会议的重要性,有选择地详细或重点记录。

③会议决议是会议最后的结论,决议结果、表决情况等要写清楚:

如无异议，要注明"一致通过"等字样；如有异议，写清反对、弃权的人数；如当时因某些情况不能形成决议，应注明"推迟决议"等字样。

记录时须注意把会议中所有发言人的姓名写全，必要时冠以相应职务。

3. 结尾。这是会议记录有效性的证明，包括主持人与记录人亲笔签名两个项目，位于正文右下方。

任务六 调查报告

一、调查报告的概念

调查报告是指运用科学方法，对客观事物如某项工作、某些情况或问题等进行调查与研究，将结论通过书面报告反映出来的事务公文。它被广泛用于生产、管理、研究等领域，为国家政府、企事业单位、社会团体等把握实际情况，弄清事实真相，做出正确决策提供科学依据。

校园食品安全案例调查报告

县食安委结合食品安全宣传周活动的开展，组织监管工作人员展开一次中学生食品安全知识调查。希望通过这次调查，可以掌握学生对食品安全的认知程度和影响因素，获取学校相关教育情况，为开展有针对性的食品安全科普宣传和食品安全监管提供科学依据，借此提高学生的食品安全意识。

一、调查结果及分析

2019年6月,我县有关监管工作人员对××中学100名高二学生进行了食品安全知识问卷调查,共发放调查问卷100份,收回100份,有效问卷100份。

根据统计问卷反映的内容,主要有以下情况。

1.中学生关注食品安全的不多,自我防范意识不强,81%的人不知道食品安全相关专用名词。他们了解的食品安全相关知识大部分来自网络、电视、广播,说明对中学生的食品安全知识教育匮乏。通过这些媒介,学生的食品安全知识和维权意识虽然有提高,但是仍然比较薄弱,毕竟知识来源有限。

2.该校高中部学生全部住校,仍有22%的学生选择在校外小餐馆或流动摊点吃饭,他们觉得比食堂味道好、品种多。这些学生认为学校食堂饭菜不好吃,却很少关注食品是否卫生、安全,说明消费安全意识不强。

3.购买食品看厂家、品牌、产地的占57%,看食品生产日期和保质期的占92%;只有14%的学生从来没有买到过不安全的食品,7%的经常买到,79%的有过但很少;买到不安全食品向有关行政部门申诉的占3.5%,自认倒霉的占55.8%。大部分学生购买食品有基本常识,但买到不安全食品却很少向相关部门举报,说明相关职能部门对食品安全相关法律法规宣传力度不够。

4.大部分学生认为我国当前食品安全问题较严重,认为搞好食品安全靠行政主管部门加强监督、消费者须提高自身食品安全意识、对生产不符合食品安全标准的企业严加惩罚各占三分之一。

大部分学生比较忽视散装食品的质量,对转基因食品不太清楚,对散装食品仍缺乏足够的辨别能力,81%的学生不知道QS是什么,更不知道国家有对散装速冻食品等十类食品必须加贴QS标志的要求。对搞好食品安全问题大部分是依靠政府监管,提高自身安全意识不强。

二、措施与建议

针对以上调查结果及分析，提出以下措施与建议。

（一）加强宣传教育

"教育从娃娃抓起。"食品安全是关乎人人的重大基本民生问题，不仅成年人要学习食品安全知识和相关法律法规，孩子们更要从小学习掌握一些食品安全基本知识。建议：一方面，在学校利用黑板报、校园广播、趣味文体活动等形式宣传食品相关法律法规、卫生知识、消费常识；另一方面，开设食品安全课堂作为学生的必修课，系统学习食品从种植、养殖、生产加工、流通到餐饮服务各环节简单的食品安全知识及法律法规；同时，相关职能部门定期走上课堂，开展消费维权教育，增强学生的自我保护能力和维权意识，切实维护学生的合法权益。

（二）加大检查力度

相对来讲，学生消费安全意识比较薄弱，相关职能部门要尽职尽责，加强日常监管。一是严格监管学校食堂及周边的餐饮服务单位，对从业人员健康、食品安全知识培训档案、环境卫生、食品进货检验和索票索证制度及执行情况、原料储存、餐具清洁等各项内容进行重点检查。二是相关职能部门沟通配合，对学校周边的食品商店、超市、餐饮店进行专项整治，对销售假冒伪劣、过期变质的食品经营者依法查处，取缔学校周边的流动摊贩，净化校园及周边消费环境，确保学生饮食安全。

（三）强化舆论导向

对孩子们来说，媒体宣传很关键，他们大多是从电视或网络上了解食品安全事件的。所以，大多数学生认为目前应该采取舆论监督，提高学生的食品安全意识。建议媒体进一步加强食品安全方面的宣传力度，大量曝光食品安全事件，营造良好的舆论氛围，引导学生关注食品安全，激发参与食品安全宣传的热情。

这篇调查报告的写作特点是层次分明、结构清晰。通过调查，掌握学生对食品安全的认知程度及其影响因素，获取学校相关教育情况。

二、调查报告的特点、分类与结构要素

调查报告属于大型应用文写作文种，与一般事务公文相比，写作过程更复杂、特点更鲜明。

（一）特点

1. 调查工作完备、充分。调查阶段的工作，是写作调查报告的重要基石，首先要锁定调查目标，制订合适的调查方案，然后运用各种调查方法搜集材料。调查过程常用的方法有五种。

（1）资料法。通过书本、互联网等收集大量相关文献资料，包括文字、声像、音像等，仔细研读，选择所需内容。

（2）访谈法。有目的地对相关人员进行个别访问或集体座谈，以了解实情，服务于报告的观点。

（3）问卷法。这是一种较普遍应用的调查方式，是将有关问题设计成问答或表格样式，分发给被调查人员回答并进行回收，之后根据问题回答情况进行统计、分析，形成结论。

（4）实验法。通过相关实验，直观得到数据、现象等材料，为报告提供有力的证据，多见于科学研究方面的调查。

（5）考察法。到相关现场实地考察，通过亲身感受得到更客观、详细的资料，如对典型人物或事件的调查。

2. 搜集的材料既翔实又典型。调查报告的突出特点是让事实说话，在保证真实、客观的前提下，材料丰富是提炼观点的基本依据，写作前要花大量时间搜集相关材料。一方面，材料要具备"面"的广泛性，内容丰富多样，既有对事实的交代，也有对背景的介绍，不可片面地以个

别代替普遍，要探求事物一般的本质特征；另一方面，突出重点，选择有代表性的材料说明观点，做到点与面的有机结合。

3. 研究工作深入有条理。研究是调查报告能否达到预期效果的决定性因素，因此，要运用科学的理论和方法分析材料，认识事物的实质，形成清晰的认识。研究时要掌握科学的思维方法——系统思考，即全面思考、动态思考、从本质思考，充分发挥逻辑思维能力，力求最大限度地揭示主题。

4. 表达形式多样。与其他事务公文相比，调查报告的表达方式更为多样：介绍有关情况或事例时，以叙述说明手法为主；分析研究得出的结论时，着重用议论手法。叙、说、议三者的有机结合与合理运用，使调查报告既有理论深度，又不乏具体性。

5. 语言既求实又生动。总体来说，宜用平实的书面语，或说明事实，或阐述观点；有时也可适当采用口头语言如民间俗语等为文章增添生气，切忌语言华而不实。

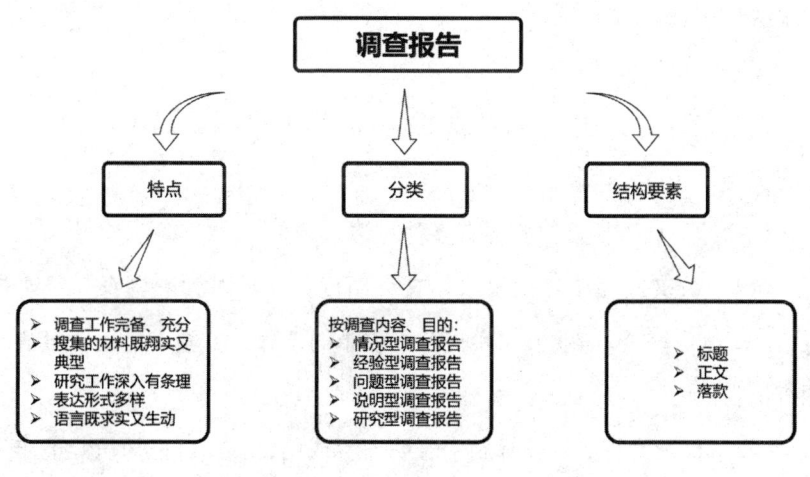

（二）分类

按照调查的内容、目的划分，调查报告有如下类型。

1. 情况型调查报告。能全面反映某地区或单位的基本情况，用于说明重要信息，分析事物发展趋势或剖析情况实质，以利于宏观调控和决策。

2. 经验型调查报告。通过调查某一地区或单位，总结其成功的典型经验、做法，作用在于以点带面，推广经验，指导全局工作，如"关于××公司管理经验的调查报告"。

3. 问题型调查报告。指专门针对现实矛盾或问题的调查报告，作用在于查明真相，引起社会有关方面关注，找出解决问题的方法和途径。如对于危害人民生活某些问题的调查、对妨碍经济发展某些矛盾的揭露等，均属此类。

4. 说明型调查报告。主要是用数据、事例等说明某些倾向及表现，为正确决策提供最新凭据，如围绕社会中出现的新情况、新政策等说明其重大社会效用，加强人们对新事物的接受和认可程度。

5. 研究型调查报告。专用于学术研究和决策研究。其作用在于对科研成果或管理事项等进行较深层次的透彻分析和论述，为今后工作的进一步科学化服务。

（三）结构要素

调查报告属于总结类事务公文，其格式与计划、总结大同小异，主要有标题、正文、落款三项内容。

1. 标题。调查报告的标题有多种写法。

（1）公文式写法。由事项、文种组成，文种可为"调查""调查报告"，如"××船业公司实行全面改革的调查""城市居民住房情况调查报告"。

（2）议论式写法。在标题中表明内容或结论，如"把知识分子作为事业单位发展的中坚力量""中小学生的体质为什么下降"。

（3）双标题写法。正标题采用议论式写法，副标题往往是公文式写法，如"做人民利益的忠实代表——××市'一帮一'扶贫解困工程调查"。

2. 正文。

（1）前言。它是文章的开头部分，概括叙述调查的缘由、依据、目的，调查的内容和结论或时间、地点、范围及方式方法，要求简明精粹、围绕主旨。

（2）主体。它是文章的核心与重点，包括三个方面。

①情况介绍。如典型事实、统计数字、具体做法等，主要运用叙述和列表等相结合的方法。

②观点阐述。通过对情况的分析研究得出实质性认识，这些认识不可片面或极端。

③建议决策。以规律性认识为前提，对应采取的策略提出意见或建议，建立在深入研究的基础上，合理可行。主体部分的写作要求事实与理论紧密结合，有层次、有步骤地阐述观点。结构安排可采用时间顺序或逻辑顺序。时间顺序，即根据需要将报告内容按时间先后划分成几个阶段，每个阶段都有相对独立的意义；逻辑顺序，是以人们思维的某种逻辑性为依据对报告内容进行安排，有并列式、递进式两种，视调查报告内容需要而定。

（3）结尾。其照应前言，重申观点或展望前景，如主体部分已经详细说明，此处可省略。

3. 落款。作者和日期一般括注在标题正下方，也可分写，即作者署名在标题正下方，日期在正文右下方。

项目四
公关公文

☆ 学 习 目 标 ☆

掌握迎送词、感谢信、请柬、证明信、申请书的写作技巧,明确不同种类公关公文的概念与实际应用情况。

☆ 关 键 词 ☆

迎送词／感谢信／请柬／证明信／申请书

公关公文指的是企事业单位、机关团体进行公关活动时,制作以及使用的一种文书。它依托语言文字为桥梁,起到与内外、上下沟通协调的作用。

任务一 迎送词

一、迎送词的概念

迎送词是欢迎词和欢送词的统称。欢迎词是在迎接宾客的仪式和宴会上,对宾客光临表示热诚欢迎时使用的一种礼仪文书;欢送词是在欢送宾客的仪式和宴会上,对宾客离去表示热烈欢送时使用的礼仪文书。

渔民文化节欢迎词

尊敬的各位领导,渔民兄弟姐妹们:

今天,我们欢聚在朝阳升起的地方,一起倾听赶海的鱼鼓,一起遥望茫茫沧海,一起感受大海与我们共同期盼的欢乐气氛,我和大家一样感到十分欣慰。

首届××渔民文化节在县委、县政府领导的关心与支持下,在县属各有关部门的大力配合下,在广大渔民群众的广泛参与下,即将隆重开幕。在此,我谨代表县委、县政府对首届××渔民文化节的举办表示最诚挚的祝福,向参与本届渔民文化节并付出辛勤工作的组委会、县属各部门、各单位的同志和渔民兄弟姐妹们表示最衷心的感谢,并希望通过你们向全县广大的渔民兄弟姐妹们表示最深切的问候。

渔民,一个朴实而具有代表性的名词,一个勤劳勇敢的群体,是你们用双手建设了美丽的家乡,用智慧创造了源源不断的财富,用辛勤的汗水灌溉了这片蓝色的土地,用丰富的经历堆积了海洋文化,"万里碧波千帆尽,乘风破浪戏鱼龙"是你们一生的写照。辽阔的大海是你们创造事业的舞台,你们则是这个舞台永远的主角,演奏了一曲曲粗犷有力的海洋文化旋律,为本市经济的腾飞起锚,起锚吧!

当前,随着渔业资源的不断衰退,"三渔"问题是县委、县政府亟待解决的重要实际问题。渔民群众的利益不容忽视,提高渔民收入和生活质量,是我们义不容辞的责任。如何促使广大渔民转产转业,让渔民群众能够安居乐业,需要我们想尽一切办法加以引导和帮助。

今天,我们在这里欢庆渔民的节日,是我们亲近海洋、感受渔民生活气息的体现,以新的方式、新的思路再发扬渔民闯海精神,做好做足"海"字文章,使渔民文化在广大渔村群众中遍地开花,向全社会展示渔民、渔村特有的文化风采。同时,以渔民文化节为载体,促使其成为地方旅游、商贸等领域的一大特色,推动休闲渔业的进一步发展,把海洋文化和海洋经济做大、做强、做深,产生最大的社会效益。

新的时代需要新的动力,新的生活需要新的气象,让我们在县委、县政府的正确领导下,带领广大渔民群众为全面建设现代化港口旅游城市不懈努力!

谢谢大家!

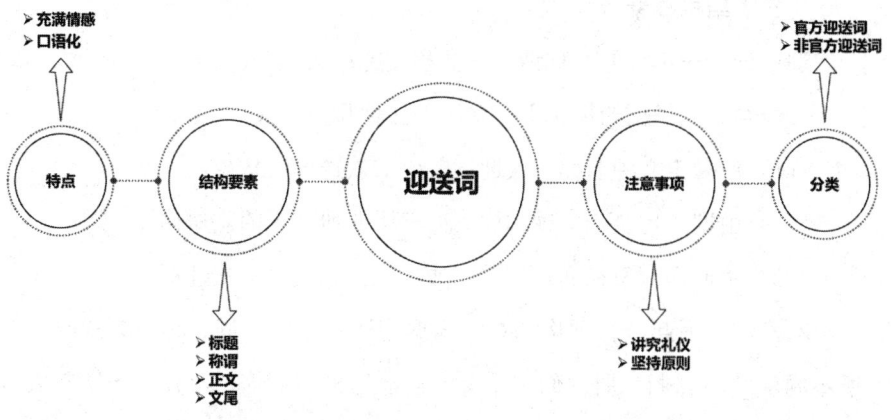

二、迎送词的特点、分类与结构要素

（一）特点

1. 充满情感。不论是欢迎词还是欢送词，都要在字里行间将主人迎接或欢送客人的情感表达出来。通常，欢迎词要表达出欢愉之情，言语真诚而富有激情，给客人一种宾至如归的感受；欢送词表达的是惜别之情，应使客人感受到主人的依依不舍之情。

2. 口语化。迎送词是当面向宾客口头表达的文书，语体上要尽量口语化。若过多使用书面语，不但不能拉近主人与宾客间的距离，反而会使人感觉疏远。

（二）分类

从社交公关性质上看，迎送词分为以下两类。

1. 官方迎送词。指公共事务中使用的迎送文书，是事先准备好的得体文稿，内容和措辞要求正式、严格。

2. 非官方迎送词。指在个人举行较大型的宴会、聚会、舞会或讨论会等非官方场合下使用的文书，内容往往是即时、即兴的。

（三）结构要素

迎送词一般由标题、称谓、正文和文尾组成。

1. 标题。迎送词的标题主要有以下几种写作方式。

（1）单独由文种名称"欢迎词"或"欢送词"构成。

（2）由迎送场合和文种构成，如"毕业典礼上的欢送词"。

（3）由迎送对象和文种构成，如"对国际友人的欢迎词"。

2. 称谓。另起一行顶格书写，根据迎送对象的不同，称呼方式也有所不同。"同志们、朋友们""女士们、先生们"等，泛称在场所有人的称呼是最常见的。此外，有些场合会使用专称与泛称相结合的复称，如"专家们""代表们""同学们"等。

3. 正文。由开头、主体和结语三部分组成。

（1）开头。开头应首先对来宾的光临表示热烈欢迎，或对其离开表示热情的欢送。

（2）主体。欢迎词可根据双方关系回顾彼此的交往与友谊，赞颂宾客取得的成就，阐明此次宾客来访的意义，也可简要介绍对来访宾客的行程安排；欢送词可回顾来宾逗留期间的情况、双方交流进展、对取得的成绩予以肯定等。

（3）结语。欢迎词的结语部分，应再次对来宾表示欢迎和祝愿；欢送词的结语部分，应对宾客提出期望和勉励，表达出依依惜别之情。

4. 文尾。迎送词的文尾包括署名和日期。署名可放置在标题下或正文末尾右下方；日期一般放置在正文末尾右下方。

三、迎送词的注意事项

第一，讲究礼仪。欢迎词和欢送词都是出于礼仪需要而写，要格外注重用词的礼节。称呼要使用恰当的尊称，尊重对方的地方风俗习惯，避免出现对方忌讳的内容。

第二，坚持原则。在重大的公务活动中，欢迎者与被欢迎者、主与客都代表自己的单位致辞。因此，讲话中既要表现出友好之情，又不能丧失原则立场，尤其是对重大问题表明立场与看法时，措辞一定要谨慎。

任务二　感谢信

一、感谢信的概念

感谢信是国家机关、社会团体、企事业单位或个人，对帮助、支持自己工作的单位或个人表示感谢的信函，它兼有感谢和表扬的双重意义。感谢信除了直接送给被感谢的单位或个人外，还可以寄到报社、电台、电视台刊登与播映，也可张贴。

一封来自少数民族乡村农民的感谢信

××省财务厅的各位领导：

今天，我怀着无比激动的心情写信，代表全乡学生家长感谢你们。

今年暑假，我女儿就天天念叨：下学期我们学校操场就有塑胶跑道了，再也不怕下雨一身泥、天晴一身灰的泥操场了；我们还有了新寝室，再也不会24个人挤一间了。

8月30日，我送女儿去报名。校园里，塑胶跑道操场既平整又漂亮，以前只在电视上看见过，没想到在我们这深山里也会有。女儿的寝室是新建的，宽敞亮堂，8个人住一间，有卫生间、淋浴、阳台，比我家新建的楼房还漂亮。女儿高兴地说，住这样的寝室就像住在家里一样。

学校老师说，随着义务教育政策的落实，农民子女享受到很多实实在在的好处，读书不交一分钱，特困生还能领取生活补助金……我们做家长的这才知道，这样好的校园环境是省财政厅"1+1"对口帮扶的结果。由于你们真心帮扶办实事，我们的孩子才能用上这样好的操场，住进这样好的学生公寓。学校老师告诉我们，省财政厅的真心实意还感动了××市政府，为我们的孩子免费提供铺盖，上学只要挎上一个书包就行了。

报名回来，我迫不及待地把学校的见闻说给周围的人听。隔壁的侯二侄子听了，羡慕得不得了。他说："上学不交钱，不带铺盖卷，刷卡买饭菜，8人一套间，初中生上学比上大学还洋气，我都恨不得再去读几年。"

我要告诉女儿和她的同学们，党和政府真心诚意关心着青年一代的成长，要让他们知道，没有共产党就没有新中国，只有社会主义才能发展中国的道理。现在，孩子们要好好学习，将来报效国家。我还要和其他家长一起，宣传省财政厅和××市政府支持少数民族地区发展教育事业的大好事，让大家记住那些为农民办实事的好干部。

我是一个农民，文化水平不高，不会写文章，但一定要把农民家长的心里话说出来：感谢你们对农民子女的热情关怀，让他们能够在优越的环境里读书、成长。

××省××村的一个普通农民：王××
××××年×月××日

二、感谢信的特点、分类与结构要素

（一）特点

1. 针对性。感谢信中应明确指出要感谢的单位或个人名称，如果感谢对象是个人，还应注明其所在单位及身份等。

2. 表述性。感谢信应对感谢对象的言行、涉及的人物、事件、地点及相关数字做具体表述，以突出感谢对象的精神和品格。

3. 褒奖性。感谢信中要写明因什么而感谢、感谢什么，褒奖的感情色彩鲜明。

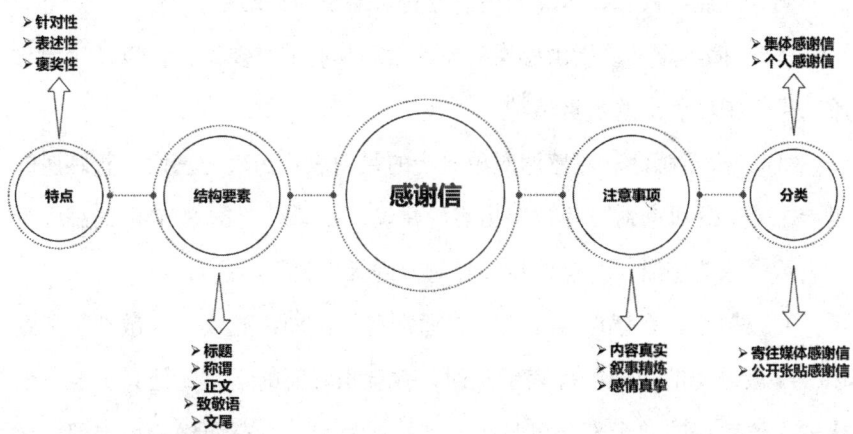

（二）分类

根据感谢对象的不同，感谢信分为给集体的感谢信和给个人的感谢信；根据呈递方式的不同，感谢信分为寄往媒体的感谢信、在感谢对象工作或生活的地点公开张贴的感谢信，以及直接寄往感谢对象单位或家里的感谢信。

（三）结构要素

感谢信一般由标题、称谓、正文、致敬语和文尾五个部分构成。

1. 标题。一般有以下几种形式。

（1）单独由文种名称构成，如"感谢信"。

（2）由感谢对象和文种组成，如"致××总公司的感谢信"。

（3）由感谢双方和文种组成，如"乘客李×致××出租车公司的感谢信"。

2. 称谓。另起一行，顶格书写被表扬的机关、单位、团体、个人的名称或姓名，写给个人的表扬信应在姓名后添加"同志""先生""女士"等称呼，并在右侧添加冒号。

3. 正文。应分段写明以下几项内容。

（1）感谢事由。用精练的语言交代事情发生的经过和结果以及事情的时间、地点、人物，重点叙述感谢对象给予的帮助和关心。

（2）揭示意义。指出感谢对象的帮助具有的重要意义，以及感谢对象在事件中体现出的可贵精神。

（3）表示感谢。对感谢对象给予的帮助表示由衷的感谢。若感谢的是一个人，还可向对方单位提出表彰建议，如"对×××老师的高尚行为表示深深的感谢，并恳请校领导对他进行表彰"。

4. 致敬语。在感谢信正文后，通常写上诸如"此致——敬礼""致以——最诚挚的敬礼"等表示感谢、敬意和祝愿的话。此处为一般书信格式，致敬语的前半部分可与正文连接或另起一行空两格，后半部分应另起一行顶格书写。

5. 文尾。正文右下侧由发送感谢信的个人或单位署名，并注明日期。以单位名义发出的感谢信还应加盖公章，以示郑重和敬意。

三、感谢信的注意事项

第一，内容真实。感谢信的内容必须真实可靠，不能言过其实，以免给人虚情假意的印象。

第二，叙事精练。叙事时要将事迹叙述清楚，详略得当，篇幅不能过长。

第三，感情真挚。表达感激之情时一定要由衷、真挚，若过于客套、恭维，就会给人以敷衍、应酬的感觉。

任务三　请柬

一、请柬的概念

请柬，又称请帖、邀请书，是机关、团体或个人邀请有关人士参加会议、庆典或某些重要活动时发出的一种短小、美观的礼仪性公关公文。

请　柬

尊敬的××先生：

敝公司定于2019年5月30至6月8日8：00—17：00在××会展中心5号楼××大厅举办××贸易洽谈会。恭候光临。

××公司
2019年5月15日

二、请柬的特点、分类与结构要素

（一）特点

1. 告知性。不论是邀请对方参加庆典、会议还是其他活动，请柬在发挥邀请作用时首先起到告知的作用。

2. 礼节性。即使邀请的人近在咫尺或已经知道此事，基于礼貌和对对方的尊重，仍应以请柬郑重邀请。

3. 庄重性。一般在举行大型、隆重的活动时，主办方才会向比较尊贵的客人发送请柬。因此，请柬的制作和发送是严肃、郑重的。

（二）分类

通常来说，请柬主要分为结婚请柬、个性请柬、邀请函、单位请柬等。

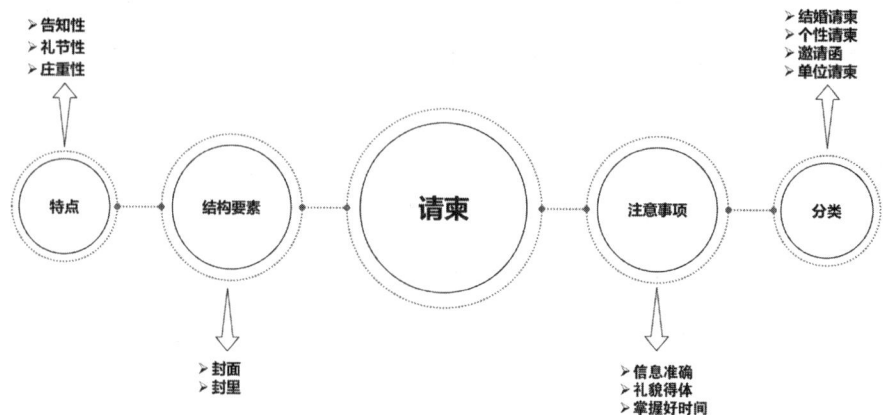

（三）结构要素

目前，请柬一般是折叠式的，分为封面和封里两部分。

1. 封面。封面分为横式和纵式两种类型，多为印刷好的精美图案和"请柬"二字。其中，横式请柬的文字从左到右横写，纵式的文字从上向下竖写。

2.封里。一般由标题、称谓、正文、结语和文尾五部分组成。

（1）标题。可单独由文种构成，即"请柬""请帖"或"邀请书"；也可由发文单位名称、发文事和文种构成，如"××大学第四届文化节请柬"。

（2）称谓。第一行顶格写明被邀请的单位名称或被邀请者的姓名及头衔，右侧添加冒号，如"××大学：……""×××教授：……"等。

（3）正文。称谓下一行空两格，写明邀请的缘由、活动内容、活动时间和活动地点等，需要客人准备或携带什么，如着装要求等可一并写明。

（4）结语。正文下一行顶格书写"敬请光临""恭候大驾"等礼貌用语；也可在这一行空两格书写"此致"，下一行顶格写"敬礼"，作为结尾。

（5）文尾。正文右下方写明邀请者的名称和制作请柬的时间。若是婚礼请柬，应写上新郎、新娘的姓名，并在姓名后写上"鞠躬""谨订"等词语以示尊敬。

三、请柬的注意事项

第一，信息准确。举行活动的时间、地点，被邀请人的姓名、头衔等，必须核实无误。

第二，礼貌得体。请柬虽然具有告知作用，但还具有商量的意思。因此，用词上一定要讲求礼貌，不能出现命令式的用语。

第三，掌握好时间。请柬最好让被邀请的单位或个人提早拿到，以便被邀请的对象有时间安排其他事务，确保准时参加。

任务四　证明信

一、证明信的概念

证明信是国家机关、社会团体、企事业单位或个人凭借确凿的证据，证明某人的身份、经历或某件事情的真实情况时使用的一种专用书信，也可称作证明。

证　明

××公司：

贵公司武××同志××××年至××××年在我校学习，获得过××杯全校演讲比赛第一名。特此证明。

此致

敬礼

×××中学（公章）

××××年×月×日

二、证明信的特点、分类与结构要素

（一）特点

1.凭证性。证明信的作用贵在证明，是持有者用以证明自己身份、经历或某事真实性的一种凭证。所以,证明信的主要特点就是它的凭证作用。

2. 采用书信格式。证明信是一种专用书信,尽管有多种写法,但它同书信的写法基本一致,采用书信体。

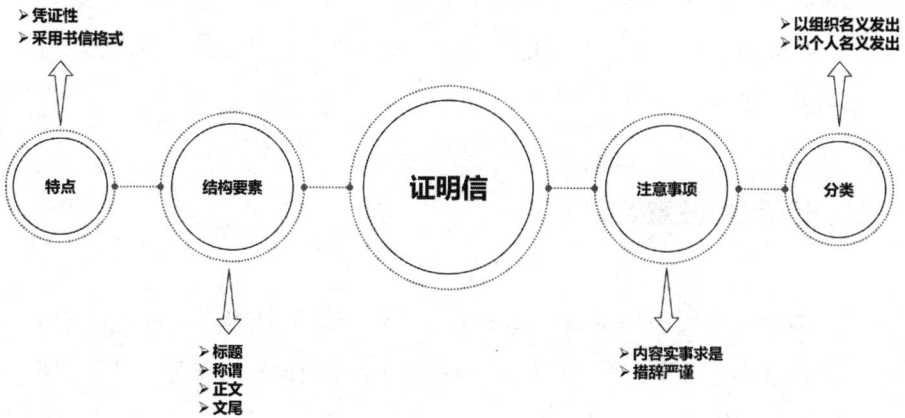

（二）分类

从发文对象来看,证明信分为以下两种类型。

1. 以组织名义发出的证明信。用来证明某人的身世、经历或某事件的真相。

2. 以个人名义发出的证明信。用来证明某人身份或某事情的真实性。证明人要对证实的内容完全负责,除个人签名外,最好再由证明人所在单位签署意见,增强证明信的可靠性和严肃性。

（三）结构要素

以组织名义发出和以个人名义发出的证明信写法大致相同,都由标题、称谓、正文、文尾四部分组成。

1. 标题。第一行居中用较大字体书写"证明信"或"证明",也可在标题中加入被证明人的姓名和事由,如"关于××同志××问题的证明"。

2. 称谓。在标题下一行顶格注明接收证明信的单位名称或个人姓名，在其右侧添加冒号。

3. 正文。正文是证明信的主体部分，在称谓后另起一行空两格写明被证明人或事件的全部真实情况，内容要翔实，语言要肯定、简明扼要。正文之后，常用"特此证明"作为结语。

4. 文尾。在正文右下方注明证明人或单位名称以及成文日期，签字或加盖公章。

三、证明信的注意事项

第一，内容实事求是。无论个人还是单位出具的证明信，都必须客观、真实、可靠，因为虚假的证明不但会受到道德的谴责，严重的还会受到法律的制裁。

第二，措辞严谨。证明信的措辞一定要准确、严谨，以免产生歧义。

任务五　申请书

一、申请书的概念

申请书是个人或集体向组织、机关、企事业单位或社会团体表述愿望和提出请求时使用的一种文书。它的使用范围广泛，无论是个人对组织表述志愿、理想和希望，还是下级在工作、生产、学习、生活等方面对上级有所请求，都可使用申请书。

入党申请书

敬爱的党支部：

我是一名在阳光沐浴下成长起来的新时代青年，学唱的第一首歌就是《没有共产党就没有新中国》，它深深地烙在我的心中。自小受到学校、家庭的良好教育和熏陶，所以在学习、事业上，我始终追求上进，提高思想素质，严格要求自己，力争锻炼成为一名新时代的有志青年。

我想，作为一名新时代的青年，不仅要学好文化知识，努力钻研技术业务，政治思想上也严格要求自己。通过学习，我深刻领会和了解了党的基本知识，自觉坚持党的路线、方针，坚定共产主义信念，全心全意为人民服务，为成为一名合格的共产党员不懈奋斗。

没有共产党就没有新中国，就没有社会主义的发展。中国共产党是中国社会主义事业的领导核心，是全国各族人民利益的忠实代表。共产党员是中国工人阶级的先锋战士，必须全心全意为人民服务，不惜牺牲个人的一切，为共产主义奋斗终生；共产党员永远是劳动人民中的普通一员，除了法律和政策规定范围的个人利益和工作职权外，所有党员都不得谋求任何私利和特权。我是积极要求进步、争取入党的青年，必须用共产党员的标准要求自己。

我十分明确自己要求加入中国共产党的动机，首先是要从思想上入党，树立正确的人生观和价值观，有共产主义理想，树立全心全意为人民服务的思想作风，确立为共产主义奋斗终生的信念。其次，必须落实到行动中，认真学习党的路线、方针、政策及决议，学习科学文化和业务知识，努力提高为人民服务的本领，积极带头参加改革开放和社会主义现代化建设，在学习、工作、生活中起到模范带头作用。最后，坚持党和人民的利益高于一切，不惜牺牲个人利益服从党和人民的利益，克己奉公。

我志愿加入中国共产党，拥护党的纲领，遵守党的章程，履行党员义务，执行党的决议，严守党的纪律，积极工作，为共产主义奋斗终生。

申请人：×××

申请时间：××××年××月××日

二、申请书的特点、分类与结构要素

（一）特点

1. 请求性。申请，顾名思义是申述理由、有所请求的意思。无论是个人入团、入党的申请书，还是其他方面的申请，均是一种请求满足要求的公用文书。

2. 采用书信格式。申请书是一种专用书信，必须按照书信的格式行文，内容会因要求不同而不同，但形式基本保持不变。

3. 上行性。申请书是个人向组织、下级向上级使用的文书，这是申请书的性质所决定的。所以，申请书在语言使用和选择上均须符合上行文的标准。

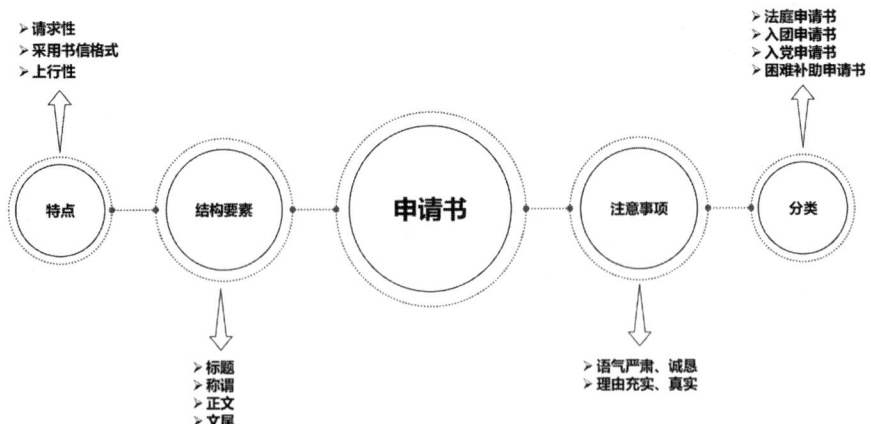

（二）分类

申请书可以分为法庭申请书、入团申请书、入党申请书以及困难补助申请书等。其中，法庭申请书指的是当事人向法庭提交的、要求法庭下达指令或对特定事项做出裁决的正式书面请求。

（三）结构要素

申请书一般由标题、称谓、正文和文尾四部分组成。

1. 标题。可直接在第一行居中书写"申请书"三个字作为标题，也可在"申请书"前面添加申请内容，如"入党申请书""入团申请书"等。

2. 称谓。在标题下一行顶格书写接受申请的单位或领导名称，一般只写一个，要有确指。

3. 正文。一般包括三项内容：（1）申请事项：申请的具体内容。（2）申请缘由：为什么申请。（3）表明决心：表明申请的态度和决心。三项内容中，申请缘由部分是正文的重点，要既能充分说明申请原因，表达申请者的意愿，又要语言简练。正文结束后，应在其下一行空两格书写"以上申请，请批准"等祈请语作为结语。

4. 文尾。在申请书右下方注明申请人的名称和成文日期。若是以单位名义申请，还应加盖单位公章。

三、注意事项

第一，语气严肃、诚恳。申请书是向对方提出请求，所以语气要严肃认真，态度要诚恳。

第二，理由充实、真实。要使接受申请书的对象充分了解申请者的意愿、心情和具体情况，从而得到批准。

项目五
经济公文

☆ 学 习 目 标 ☆

能够了解各类经济公文的概念、特点、分类等基本知识；明确经济公文中市场调查报告、经济预测、分析报告的特殊写作规程；熟知各类经济公文的写作注意事项；掌握广告、说明书、市场调查报告的写作方法。

☆ 关 键 词 ☆

广告文案／商品说明书／市场调查报告／市场预测报告／经济活动分析报告／欠条、借条、收条经济公文是在经济活动中使用并形成的，经济管理部门或企事业单位为处理经济事务、反映经济情况、传播经济信息、研究经济问题、协调经济关系等而制作的具有实用价值和固定格式的文书。它以实用为原则，以经济活动为内容，以经济利益为目的，包括大量有关经济活动的调查研究、经营决策等文本。

任务一 广告文案

一、广告文案的概念

广告，即广而告之，是各社会机构特别是企事业单位为推销产品、服务或宣传某种观念而进行介绍、传播活动的艺术化文体形式，既包括商业广告，又包括公益广告。这里涉及的主要是商品广告。

广告文案是指广告中的文字部分，50%～70%的广告效果来自广告文案。

我们仨的健康生活

爸爸的满足，从飞利浦帮我达成的每一小步开始：全心为太太准备营养晚餐；从头学起，温柔的呵护；每一步见证孩子的成长；从细微处关爱家人健康；给孩子持久纯净的成长环境；一小步，激发他的不同凡响；点亮他的未来；健康生活其实只要一小步，飞利浦，我的健康生活每一步！

这是飞利浦小家电广告文案，通过故事的形式讲述一个幸福家庭的不同生活阶段，同时配以飞利浦不同种类的小家电和温馨的家庭生活场景，恰到好处地体现飞利浦小家电的特点，达到出乎意料的良好广告效果。

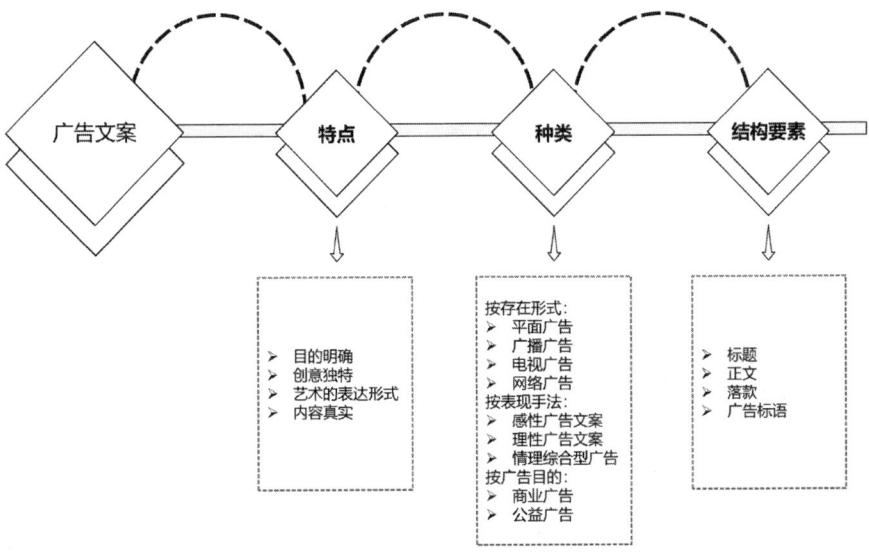

二、广告文案的特点、分类与结构要素

（一）特点

1.目的明确。商业广告归根结底在于吸引消费者并对其产生一定的影响，使之在思想上接受或采取购买行为。这就要求广告文案具有明确的目的性，对潜在消费群有全面的认识。

2.创意独特。判断广告成功与否的标准，很大程度上取决于它的创意。一则好的广告文案，无论在内容还是形式上都具有不拘一格的独特性，这样才能更好地抓住消费者的心理，激起他们的购买欲望。

3. 艺术的表达形式。广告文案是所有应用文书中最富有艺术性的文种之一，为了表现商品或服务的优点，经常运用各种文学手法进行表达。广告文案的艺术性特征，要求写作时注意保持广告的语言风格与表现对象特点的一致性，如：儿童饮品广告的语言活泼生动，酒类广告的语言通常带有一定的抒情意味。

4. 内容真实。尽管广告文案写作对采取的艺术手法如比喻、拟人、夸张等没有过多的限制，但必须遵守广告法的要求，掌握一定的分寸。（1）不可贬损其他商品。有些广告文案为凸显本商品的优势，不惜压低别的品牌抬高自己。（2）不可毫无节制地夸大，更不可无中生有。这要求撰写广告文案前应对商品或服务的真实情况有深入了解，毫无根据地随意编排是制造假象、迷惑消费者的不道德行为。

（二）种类

广告的分类方式多种多样。

1. 按广告的存在形式划分如下。

（1）平面广告：以平面印刷方式出现的广告。例如，海报、报纸杂志广告、报纸夹页广告等，侧重文字的视觉效果。

（2）广播广告：指在广播中以抒情的语言表现商品特点的广告。

（3）电视广告：指在电视上出现的兼有声音和动态的广告。

（4）网络广告：已成为近年来广告的主流形式之一，主要运用网站上的广告横幅、文本链接等，通过网络传递给广大网民，充分利用文字、声音、动态等视觉与听觉效果。

2. 按广告的表现手法划分如下。

（1）感性广告文案：以情感诉求为主，用感性的方式诱导消费者，引起消费者喜爱、欣赏等心理感受。广告文字往往具有诗歌、散文或小说的语言特色，如一则标题为《美肌的哲学》广告："如果你是一位追求魅力的女性，那么，肌肤之美将成就你的梦想。名门闺秀美肌精，蕴含神奇的大自然能量，银杏、珍珠……精华凝聚，为肌肤注入鲜活能量源，每一滴都蕴藏着肌肤的至爱。肌肤细胞从此变得鲜活、充盈，富有青春生命力……"广告语是"名门闺秀——充满魅力的女人"，这则带有诗情的广告文案始终围绕"魅力女人"娓娓道来，使追求美丽的女人不禁怦然心动。

（2）理性广告文案：一种比较正统的广告文案形式，用少有感情色彩的说明性文字介绍消费品的价格、用途等，凭借商品或服务过硬的品质及其带来的可靠利益说服消费者，是工用、农用机械类商品广告文案的常用类型。

（3）情理综合型广告：根据需要，有些广告文案综合运用感性与理性，使消费者在了解消费品信息的同时，从感情上给予更大限度的认同。

3. 按广告的目的划分如下。

（1）商业广告：以宣传商品或企事业形象等为主要内容，目的是获得经济利益，是目前广告文案的主要类型。

（2）公益广告：是国家、政府等机构以宣传某种社会公德、法律知识或先进理念为目的的广告文案形式，常见的有交通安全、环境保护等类型。公益广告的效果往往令人感动、发人深省，如"公民义务献血"的公益广告文案："献血的你，灵魂如虹；你献的血，生命涌动。"

（三）结构要素

由于广告媒体的多样性，广告写作没有固定的格式。下面侧重介绍以平面广告为主的文字部分，一般包括标题、正文、落款、广告标语等内容。

1. 标题。在广告中占有 5 倍于正文的绝对作用，形式上主要有直接标题、间接标题、复合标题三种。

（1）直接标题：将广告内容直接明白地展示给消费者。好的标题可以使人一见倾心,如可口可乐广告的标题是:"可口可乐,真正的快乐!"金利来系列广告的标题是:"金利来,男人的世界!"这些标题都独具魅力。

(2)间接标题:通过迂回的方法,引起消费者的兴趣,特点如下。

①表达形式多种多样,有的使用感叹句,如江苏盐业平面广告文案的标题:"金玉良盐,岂有不用之理";有的使用问句,如某化妆品广告的标题:"35岁的您,希望看上去更年轻吗?"

②迂回方式各具特色,如温情型,某电饭煲广告的标题:"给太太一份安全感";诱惑型,某银行储蓄广告的标题:"从五角到一千元";祈求型,某航空公司广告的标题:"不会让您一路挤到美国";悬念型,某航空公司广告的标题:"从12月23日起,大西洋将缩短20%"……这些广告标题可谓独具匠心。

③复合标题,即双标题形式,在广告中用得较少,如某洗发水标题:"现在可以从头发上洗刷掉岁月的痕迹了——母女俩有同样的头发、相似的容貌。"

2. 正文。是指以短文形式存在的核心内容,是对广告主题的详细解说,分为导语、主体、结尾三部分。

(1)导语:主要作用是上承标题、下启主体,常见的写法有如下几种。

①陈述式。这是导语的常规形式,叙述商品背景及广告理由,如:"为答谢广大新老用户,××公司又推出新产品……"

②概括式。通过概括语句表明商品优点,如桑普空调:"别人有的我都有,别人没有的我也有。"

③提问式。以提问方式引出商品,如某安神药广告导语:"唉,又睡不着!失眠了?"

(2)主体:广告正文最关键的部分,也是下功夫最多、最无定式的部分，要求紧扣主题，精选事实，点面结合，层次分明。其写作形式多种多样，这里主要介绍常见的三种。

①说明式，即用平实的语言说明广告主体各方面的情况，如产品名称、型号、特点、功用等，虽然形式比较正统，但能让消费者更具体、清楚地认识产品。

②故事式。在正文中设计较为完整、动人的故事情节，将广告的产品、服务、企业形象等融入其中并担任主角，引起消费者的关注。

③幽默式。用幽默的语言表现出作者的独特构思和创意，使人在开心的笑声中注意、喜欢或接受广告内容。如一则青春痘用品广告的文案："赶快下'斑'，不许'痘'留。"幽默的语调使人印象深刻。

（3）结尾。它的作用是鼓励消费者采取行动，因而要简短有力。形式有祈使式，如："数量有限，欲购从速"；许诺式，如："使用××产品，会有意想不到的惊喜"；归纳式，如："××维护全家人的身体健康，无论居家外出都用得着！"

3.落款。主要包括地址、电话、联系人、售后服务等。可采用常规式，即分条写出；也可用表格式写出各要素。落款要准确、易记。

4.广告标语。有的广告还有脍炙人口的广告标语，即在一定时期反复使用某一特定的商业用语。广告标语的主要功用在于它的反复出现，形成深刻记忆效应，成为商品特有的象征。它对消费品优良个性的强调，加深消费者的记忆，是产生消费行为的依据。

广告语往往只有一句话，写作时必须与企业商品紧密相连且脍炙人口，是商品的独特标志。一句好的广告语可以使消费品很快家喻户晓，如冷酸灵牙膏的广告语："冷热酸甜，想吃就吃"；好吃点糕点的广告语："好吃你就多吃点！"

任务二 商品说明书

一、商品说明书的概念

商品说明书是向消费者如实介绍商品名称、性能、用途及使用和保养方法等事项,帮助消费者正确使用商品的经济公文。

美国护肤甘油

主要成分:甘油 25%、橄榄油 5%、芦荟 3%、维生素 B 31%、维生素 E 1%、醋酸洗必泰 0.025% ~ 0.04%。

使用范围:用于干燥蜕皮、手足皲裂、唇裂等皮肤的滋润保湿和抑菌止痒,抑制金黄色葡萄球菌、白色念珠菌、大肠杆菌;也可用于浴后全身皮肤外搽或皮肤按摩、足摩等滋养护理,长期使用,使肌肤保持白皙柔嫩、光滑紧致。

使用方法:皮肤外搽,按摩吸收。

注意事项:外用,勿饮;放于儿童不易触及处。

运输贮藏:常温,避光保存,常规运输。

服务热线:800-828-8289,800-828-2260。

卫生许可证:苏卫消证字(2017)第 0011 号。

产品标准:执行 GB15979 国家标准。

保质期:二年。

研制单位:××研究所。

这是一则护肤甘油说明书的正文部分,采用条款式写法,列出此药品的成分、性能、用法等,特别是注意事项和贮藏条件,突出本产品使用的侧重点。

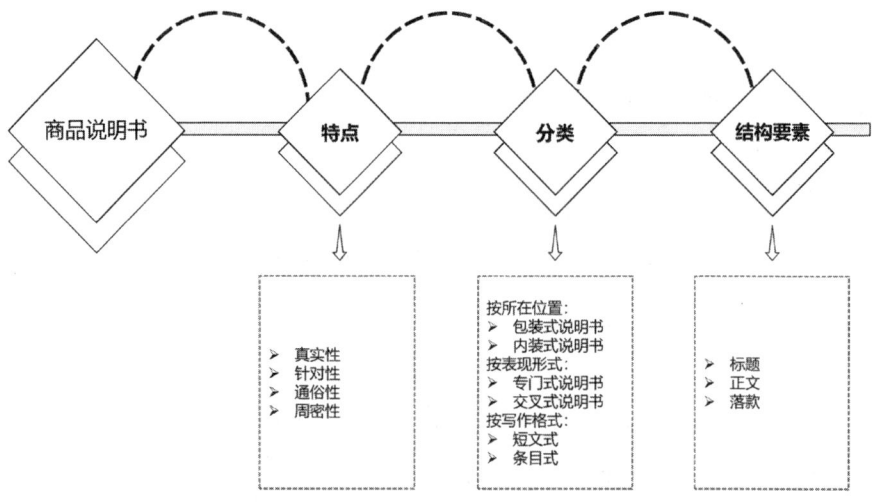

二、商品说明书的特点、分类与结构要素

（一）特点

1.真实性。商品说明书是对商品的科学说明,内容必须准确、可靠。在掌握分寸的情况下,广告可以适当夸张,一般只讲商品的优点;商品说明书的内容必须客观,特别是药品、电器等的使用说明关系到使用者的人身生命安全,不允许有任何形式的夸大,也不得回避缺点。

2.针对性。总体来看,商品说明书重在说明商品的特性和使用要求,但不同商品种类说明书的侧重点应有所不同。食品说明书,重点说明其原料、配料、食用方法、保质期等;药品说明书,重在说明其成分、功能、用量、用法、贮存方法;电器说明书,重在说明其性能、用法和保养方法、保修期；机械说明书，重在说明其构造、用法和基本维修保养方法。

对商品使用中可能出现的特殊现象及应对方法，说明书中要有针对性地标注。如某些流质食品的瓶底沉淀是否属于正常现象，某些药品使用中出现某些反应该如何处理等。

3. 通俗性。绝大多数商品说明书面对的消费对象文化水平参差不齐，写作时应尽量避免使用专业术语，语言宜通俗易懂。

4. 周密性。现在，国内的商品说明书越来越注重对细节的说明。例如，更多的商品尤其是使用软材料包装的商品，都会在注意事项中增设"此包装不是玩具，严禁儿童玩耍，以免发生窒息危险"等的说明。这表明，周密性已成为现代商品说明书的重要特点。

（二）分类

1. 按说明书所在位置划分如下。

（1）包装式说明书：是指印刷在包装盒上，与商品包装合为一体的说明书。这类说明书一般内容简短，宜于消费者阅读，如方便面、香皂等生活小商品的说明书。

（2）内装式说明书：是指独立存在于商品包装的说明书，如手机、家用电器等操作相对复杂的商品，说明书的条目较多，常装订成册单独放在包装盒内，便于消费者保存和随时查看。

2. 按表现形式划分如下。

（1）专门式说明书：单纯介绍商品特点与用途等，只说明与使用有关的内容。

（2）交叉式说明书：有些说明书不仅有对商品本身的使用说明，还兼有广告成分，是交叉式说明书。目前，越来越多的商品采用这种形式的说明书，其广告语仍须遵循说明书的特点和写作要求。

3. 按说明书写作格式划分如下。

（1）短文式：把商品性能、特点、用途等综合说明写成短文，不做有意识的区分，注重对商品的完整介绍。

（2）条目式：把说明的内容分成若干条，用序号标出逐一说明，这是说明书最常见的形式。其优点是重点突出，层次分明。

（三）结构要素

商品说明书的写作，相对其他经济公文较为简单，只需按规定格式书写完整即可。

1.标题。力求简单明了，通常由商品名称和文种组成。文种可为说明书、用户手册、使用指南等，如"××太阳能热水器使用指南"；也可直接以商品名称或支种为题，如"××夹心巧克力架"。

2.正文。包括商品构成、性能、使用方法和注意事项等，可根据商品种类确定，但必须保证消费者根据此项内容掌握商品的正确使用方法。其中，商品的构成、性能应完备、合理，使消费者对商品的了解更为全面；使用方法与注意事项应详尽清楚，不能省略或模棱两可，否则达不到说明的目的。如有的中药说明书中没有说明药物的副作用，结果患者在不知情的情况下服用后出现不良反应，引起纠纷。

3.落款。包括单位名称、地址、电话、网址等，以及某些商品的特定标注，如食品保质期、家电保修期、商标等，要做到实事求是。

任务三　市场调查报告

一、市场调查报告的概念

市场调查报告是在市场经济活动中，为改善产品生产、经营与管理，运用科学的方法对市场各相关因素如商品供求情况等进行系统的调查、分析，并将调查分析结果形成文字的书面经济公文。

市场调查报告是调查报告的一个分支，同样包含调查与报告两个方面。在市场经济体制逐步成熟与完善的今天，市场调查报告日益成为企业获取市场信息的必备手段。

××市大学生就业市场调查报告

高校扩招政策使大学生的人数增长，也对大学生毕业后的就业形势造成极大的影响，就业难早已成为一个不争的事实。"毕业就失业"，似乎成为大学生的普遍担忧。

对每个大学生来说，及早规划自己的职业生涯，对决定职业生涯的主客观因素进行分析，然后总结和测定，才能在竞争激烈的就业环境中处于不败之地。针对这一社会现象，我们于××××年3月6~16日开展了关于××市大学生就业情况的市场调查。

一、调查对象

分为：本市用人单位，主要是各企业；本市各高校；本市在校大学生，其中专科学校的学生占64%。专业有：传媒类（新闻、文秘）；

语言类（商务英语、应用英语、日语、德语）；经济类（国际贸易、市场营销、电子商务、信息管理、会计）；设计类（建筑设计、动画设计）；技术类（计算机科学技术、园林工程技术、汽车检测与维修）；管理类（旅游管理、工商管理、人力资源管理）。

二、调查形式

采用电话调查、资料调查、现场访谈、问卷调查四种方法。其中，发放调查问卷104份，回收有效问卷100份。调查问卷设计有单项选择题、不定项选择题和主观题。

三、调查目的

调查在校大学生的就业期望，对自身素质的评价；学校就业指导，对就业形势的看法；企业的招聘需求。旨在了解当前的就业形势对大学生的影响，帮助大学生尽快认识自我；学校为学生提供科学的就业引导，为大学生在今后的就业中提供参考。

四、调查结论与分析

1.调查了解到，只有24%的学生表示一直在关注就业信息，71%的学生只是偶尔关注。对就业情况的关注程度，直接影响为将来职业所做的准备水平和职业带来的成就高低。学生大都表示对未来工作有担心，但在实际生活中却缺少基本的努力，表现为典型的眼高手低。

造成这方面的原因有：①学生仍生活在舒适的校园中，对激烈的社会生活没有足够的了解，经济上依赖父母，忘却就业压力带来的紧张感。②企业与学校联系的紧密度、主动性不够，学生无法及时得知企业需求和招聘信息。③学校提供的就业指导不到位。

2.大学生的个人能力存在缺陷，自我认知不足。自我认知包括个人的兴趣与特长、性格与价值观、选定的目标与需求、情商、工作经验、学历与能力、生理情况等，是职业生涯规划的重要内容。

通过对部分用人单位的了解，发现他们需要的大学生应具备以下基本综合素质：思想健康、自律、诚信、善于合作、具备过硬的专业知识。

调查显示，60%的大学生认为就业难，除了社会压力大外，主要问题在于自身工作经验缺乏，与人合作与沟通时存在障碍。

3.影响大学生职业期望的因素分为三方面：声望地位稳定性因素（地理位置与单位性质、社会经济因素）、内在价值因素（能否发挥才能、实现理想）、外在价值因素（家庭经济条件、薪水和福利）。

调查中，被调查者对薪酬和福利、地理位置、单位性质、自己的理想、家庭经济条件、父母决定、社会经济因素、能否发挥才能，根据其在自己选择工作时所起的作用从大到小排序：薪酬和福利、地理位置、单位性质和父母决定为学生首先考虑的因素，接下来是自己的理想、能否发挥才能、家庭经济条件、社会经济因素，男女生没有显著差异。

调查发现，以往学生对自己的工作要求，无论是单位性质还是薪资的要求都比较高，现在，就业形势似乎不允许初出茅庐的学生有挑工作的机会，要求降低很多，大部分学生表示接受"先就业，再择业"的观念。

对于以后从事非专业的工作，61%的学生表示可以接受，看招聘单位的工资待遇和发展前景。选择就业公司时，58%的学生希望在外资企业和政府部门工作，只有极少部分的学生表示会考虑民营企业。

五、建议

调查显示，目前大学生的就业态度为：首先，对就业形势关注度不高。其次，个人能力存在缺陷，自我认知不足，缺少实战经验，没有准确的目标。最后，职业期望比较高。据此，提出以下几点建议。

1.企业应主动及时地传递有效招聘信息。调查数据显示，由于在毕业生和企业之间缺少有效的沟通渠道，企业的用人标准、人才选择条件没有在有效时间内传递给大学生，大学生缺乏市场导向，不仅企业招不到优秀人才，大学生也因缺乏足够信息产生就业的盲目性。

2.学校要改进人才培养模式，尽快完善就业指导体系。就业指导和就业服务属于就业匹配的促进措施，其核心在于解决用人单位和毕业生之间的信息不对称问题。通过向大学生提供就业信息，并根据这些信息进行职业指导，帮助学生进行有效的职业决策。

3.大学生要认清就业形势，转变就业观念。当前，社会就业形势比较严峻，大学生要消除"眼高手低、有业不就"的思想，调整自己过高、不切实际的想法，到基层谋求发展，到艰苦的地方创业。要知道，行行出状元，"干一行、爱一行、干好一行"的敬业观念很重要。

4.大学生要提高自身能力，在校期间多参加一些社会实践活动，积极参加学校组织的招聘会，也可在不影响学业的情况下找一份兼职，提前适应社会生活，了解现在社会需要什么样的人才，积累一些社会经验，丰富自己的阅历。这些都是将来找工作的资本。

××大学就业指导中心

××××年3月18日

这是一篇关于某市大学生就业状况的市场调查报告。本文条目清晰，调查对象、形式、目的、结论、分析、建议等一应俱全。最后对所有观点进行综合归纳，是市场调查最有价值的部分之一，即对大学生就业给出合理化建议，从而达到调查的根本目的。

二、市场调查报告的特点、分类与结构要素

（一）特点

1.专业针对性。市场调查报告是专门针对市场领域做出的，要求撰稿人不仅具备独到的市场专业眼光，还要具备一定的市场专业知识，善于运用市场经济学原理，从调查的市场现象中发现问题、分析问题、解

决问题。

2.实践指导性。市场调查报告以实践为基础进行写作,表现出较强的实践指导性。理论应用以服务实践为最终目的,可以说市场调查报告来源于实践,又回归于实践。一是指导生产管理者如企业商家、各经济机构的市场行为,使之更符合实践需要,改善策略,从而获得更多的经济和社会效益。二是指导消费者合理消费,从而服务百姓,优化企业形象,赢得更高信誉,促进企业长足发展。

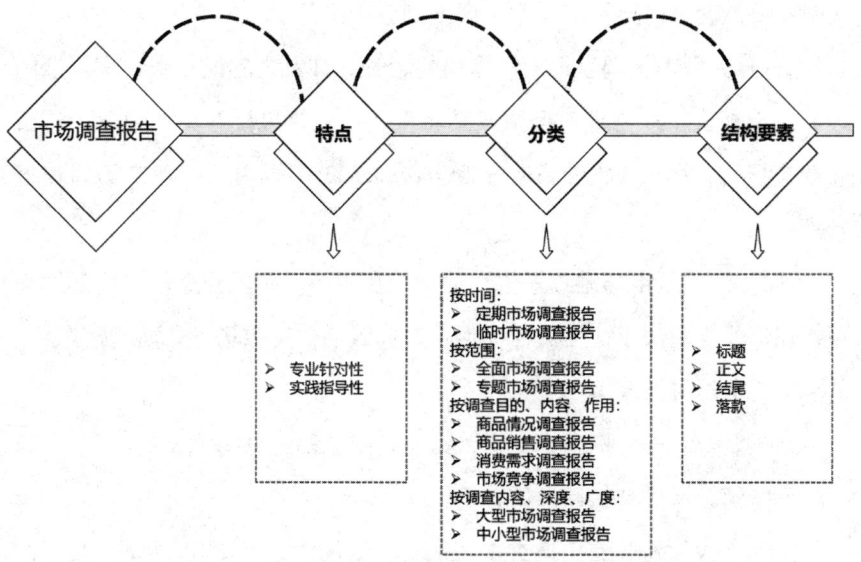

（二）分类

1.根据调查时间,划分为定期市场调查报告和临时市场调查报告两种。

2.根据调查范围,划分为全面市场调查和专题市场调查。市场普查属于全面调查,一般的有针对性的调查都属于专题市场调查。

3.根据调查目的、内容和作用划分如下。

（1）关于商品情况的调查报告：主要调查商品的生产状况、质量、价格、售后服务及其市场供给量等。

（2）关于商品销售的调查报告：包括对商品销量、销售环节、存储运输以及与此相关的影响因素等的调查报告。

（3）关于消费需求的调查报告：从消费者角度入手，调查消费者的家庭构成和收入、购买力大小和变化趋势、消费心理和需求、潜在消费需求等，据此写出的书面报告。

（4）关于市场竞争的调查报告：包括竞争对手的数量、经营管理水平、竞争方式与手段等；竞争产品的质量、性能与特色等。

4.根据调查内容及其深度、广度划分如下。

（1）大型市场调查报告：指篇幅较长、涉及内容繁多或程度复杂的市场调查报告，通常针对全国或某省份、行业等来撰写，如中国手机市场调查报告、国内PC市场调查报告、2020年中国白酒行业市场调查报告等。

（2）中小型市场调查报告：通常篇幅短小，多反映微观、局部性问题，在形式与写法上往往灵活，但足以向人们传递市场某方面的信息。

（三）结构要素

市场调查报告由标题、正文、结尾、落款四部分构成。

1.标题。写法有三种常见方式。

（1）公文式标题：由调查事项加文种组成，文种采用"调查"或"调查报告"均可，如"××区电动自行车供求状况市场调查报告"。

（2）论文式标题：用一句较为醒目的话语点名调查报告的主题，可采用叙述句式，如"××市春节期间蔬菜消费状况不容乐观"；也可用提问句式，如"特价商品有利可图吗"。

（3）双标题：标题分为两部分，一部分是副标题，一般由公文式标题充当；一部分是主标题，写作样式较为灵活，常用生动形象的语言提示主题，如"质量就是销量——××省空调市场调查报告"。

2.正文。包括前言和主体。

（1）前言：主要交代调查的缘由、内容、目的、时间、地点、范围等基本要素，有的还概述调查的作用和意义，要求语言扼要、提纲挈领。

（2）主体：是市场调查报告的重点和中心，包括三个方面。①基本情况。根据调查的数据、事实等资料列出调查对象的基本情况。②观点、看法。对调查的大量具体情况进行分析研究，归纳出报告的主要观点。③结论和建议。这是对市场调查报告整体的规律性认识，并据此提出意见和建议。

3. 结尾。用来呼应前言、展望前景。如前文结构完整，可省略不写。

4. 落款。包括作者名称与写作日期，位于市场调查报告全文的右下角。

任务四　市场预测报告

一、市场预测报告的概念

市场预测报告是在开展经济活动前，通过市场调查取得的资料和数据，运用正确的经济理论和科学方法，判断、推测市场发展趋势，提出相应决策的经济公文。它运用经济学、统计学、市场学等多学科的专业知识，对市场状况进行定性和定量分析，有利于经济工作者对经济活动实施科学管理和决策，实现更高的市场收益。

××××年平安快餐店市场预测报告

前言

随着高校的大规模扩招,学生数量大幅度增长,人均生活空间日益降低,传统的学校食堂已不能满足大学生的餐饮需要,快餐行业在学校周边迅速发展壮大。为了了解学校周边快餐店的发展状况,特做一份平安快餐店××××年市场预测报告。

一、现状

(一)平安快餐店环境分析

1.地理环境:处于××美食城内,距离××大学300米左右。××大学有将近一万名学生,附近居民区集中。

2.店面环境:店面规模小,消费场所局限,无宽敞的地方让更多消费者在店内进餐。装修简单,但店面干净整洁。附近还有不少快餐店和面食店,客源量很大。

3.竞争环境:周边有很多快餐店和面食店,竞争非常激烈。其中,桂林砂锅饭、波记烧卤饭、广香源烧卤饭、佳和快餐、好又快快餐等是最大的竞争者。

(二)平安快餐店的商圈

1.因平安快餐店附近是××大学,消费者以学生为主,消费金额不高,属于文教区商圈。

2.以平安快餐店为中心、距离平安快餐店200米为半径画圆,它的周围是××大学及居民住宅区,人流量大,但也有好几家竞争者。

(三)平安快餐店的经营范围:只经营快餐和砂锅饭。

(四)价格和规格:快餐每份价格主要在8~20元。与其他快餐店对比,它的价格相对较合理,学生普遍能接受。

(五)促销策略:无。

（六）平安快餐店基本信息：一个门面、10多张桌子、一间厨房、两个卖饭窗口、7～8个工作人员。

二、预测

1.随着我校的大规模扩招，学生数量大幅度增长。加之大学生消费水平逐步提高，我校周边市场潜在的消费力日益增强，因此我校周边的饮食业有一定的潜力。

2.高校人流量越来越集中。

3.饮食业发展呈稳健增长的趋势。

4.平安快餐店周边可能有更多快餐店和面食店开张，也可能有更强的竞争对手出现，竞争将会更激烈。

5.市场原材料价格不断上涨，消费群体不能接受不断上涨的价格。

三、建议

1.针对不同季节，推出与本季节相应的产品。

2.偶尔做一些吸引顾客的优惠活动。

3.原材料要保证质量。

4.做相应的宣传，给顾客留下更好的印象，特别是公益性宣传。

5.卫生清洁到位。

6.门面装修好一点儿，给顾客营造良好的就餐环境。

7.送外卖。

8.扩大门面，为消费者提供更多的座位。

四、结尾

每家快餐店都有自己的经营目标，希望把店面经营得更好。随着我校学生数量大幅度增长，为平安快餐店提供了更为有利的发展条件，希望平安快餐店能够提供更适合学生的快餐，提高食品质量，更好地为学生服务。

这是一则快餐店的市场预测报告，分解资料、数据，科学推断未来，合理分析预测，提供可行建议。

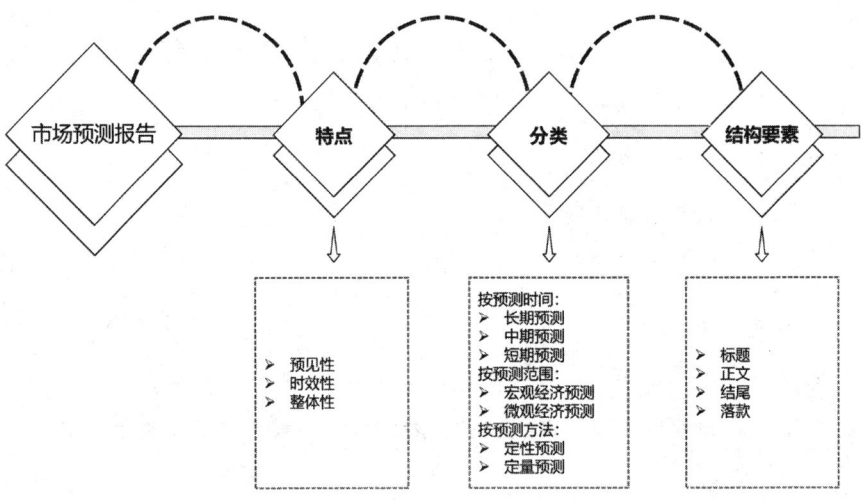

二、市场预测报告的特点、分类与结构要素

（一）特点

1.预见性。市场预测报告的首要特点便是预测。预测要求通过广泛、深入的调查了解市场经济活动的历史与现实，采用科学的方法进行分析，从现象中挖掘本质，使对未来的预测尽可能切合实际，对经济活动起到指导作用，真正体现市场预测报告的科学预见性。

2.时效性。市场预测报告的内容和结论有一定的时间限制，如果超过某个时间段，不仅失去预测的意义，而且可能造成对经济活动理解的偏差，导致企业行为在市场经济活动中无效，使企业在市场竞争中处于劣势，因此写作市场预测报告时要有紧迫感。

3.整体性。系统性与全面性构成市场预测报告的整体性特征，使市场预测报告具备更强的实用性。全面性是指在市场预测报告中，将微观经济活动放到国家宏观大市场背景中，结合企业内外部情况综合预测；系统性是指采用系统论的方法处理问题，放眼全局，用整体性的眼光看待问题。

（二）分类

基于写作内容的不同，市场预测报告有三种分类方式。

1. 按预测时间划分。包括：①长期预测，一般是 5 年以上的经济预测；②中期预测，时间是 2～5 年，多用于对经济前景的预测；③短期预测，是一年以内的经济预测，常为年度或季度经济发展情况预测。

2. 按预测范围划分。包括：①宏观经济预测，是对整个国家或某一地区经济进行的总体性预测，如国民经济预测；②微观经济预测，是对某一企业或部门等相对小范围的经济活动进行专门预测，如企业新产品的销售前景预测。

3. 按预测方法划分。包括：①定性预测，即运用以往经验和理论研究对经济活动的未来发展做出判断；②定量预测，又叫数字分析预测，主要以大量数据资料为依据，运用数理统计方法，按一定数学模式推算得出未来经济活动发展情况，以代表经济水平和变动的数值说明问题。

一篇市场预测报告中，往往兼用定性、定量两种预测方法又有所侧重。因此，这是基于报告预测方法的侧重点做出的相对分类。

（三）结构要素

一篇完整的市场预测报告包括标题、正文、结尾、落款四个方面。

1. 标题。主要有三种写法。

（1）公文式写法。其包括时间、范围、预测对象、文种四项。其中，除预测对象和文种外，其他两项均可省略。文种可以是"预测报告"或"预测"，也可以是"发展趋势""前景"等，如"2021年××区丝织品市场前景预测"。

（2）论文式写法。用议论的口吻在标题中揭示报告内容，如"手机销售营利真的会大幅下降吗？"

（3）双标题写法。将公文式标题与论文式标题相结合，主标题采用论文式写法，副标题用公文式写法表明时间、范围等各要素，如"家庭轿车将更加注重科技感——2021年××市汽车需求趋势"。

2. 正文。进入正文写作前，首先要对市场情况做出详细预测，必须掌握一定的预测方法。

（1）前言。主要介绍预测的时间、地点、方法等，也会提及预测原因、结论等，为主体部分分析预测做铺垫。写作这部分内容时，可根据实际灵活处理，也可省略。

（2）主体。这是预测的核心内容，包括市场现状、前景预测、建议意见三个部分。

①市场现状是市场预测的基础和依据，对现状的写作和把握必须准确、可靠。

②前景预测是市场预测报告成功与否的决定因素，也是写作中难度最大的部分，立足科学，着眼未来，结合现实，不可好高骛远；对资料数据的分析推理要做到严密与准确并存，善于从中发现经济规律。

③建议意见体现市场预测报告的实际意义，要做到专业、中肯、有针对性。

3. 结尾。一般是呼应前文，归纳总结，也可省略。

4. 落款。包括作者名称与写作日期，位于市场预测报告全文的右下角。

任务五　经济活动分析报告

一、经济活动分析报告的概念

经济活动分析报告，是指在党和国家方针政策及正确经济理论的指导下，利用计划指标、统计报表和调查研究取得的材料，对某一部门或单位一定时期的经济活动状况进行分析研究，探讨原因，寻求改进方法而写成的书面报告。

通过对经济活动的全面分析，企业可以及时发现工作中存在的问题并加以改进，更好地掌握企业经济运作情况；国家经济管理部门也可据此适时了解企业经济活动状况。换言之，经济活动分析报告不但是国家经济部门加强经济宏观管理水平的重要途径，还是企业改善经营管理的有效手段。

经济活动分析报告

（放弃煤气发电和充分煤气发电探讨）

1. 分析目的——比较放弃煤气发电和充分煤气发电的经济效益

2. 分析方案——放弃煤气发电和充分煤气发电

3. 分析资料——1～3月的成本核算资料

4. 分析方法——综合分析

5. 分析手段——还原真实成本和确认经济效益

分析说明：

分析发电厂是盈利还是亏损，不能片面地局限于动力厂本身，而要站在全局的角度看待和分析问题。动力厂作为焦化公司的一大亮点，是焦化公司循环经济的标志，煤气发电是节能减排的标志，是取得节能奖励基金的有力论据。

根据1～3月的成本核算资料，结合部门分析，过程如下：

首先把焦化公司分成两大块——洗煤和炼焦。炼焦包括炼焦制造、化产、煤气发电。把炼焦、化工、发电捆绑作为一个核算主体，确认成本用。

1～3月份炼焦总成本：156946722.34元；

1～3月份化工厂总成本：15124211.13元；

1～3月份动力厂总成本：5976992.56元；

合计：178047926.03元。

……

通过1～3月捆绑核算资料分析，充分利用煤气发电实现的经济效益比放弃煤气发电对外销售煤气实现的经济效益如下。

1. 全部对外销售煤气实现效益3751558.65元。

2. 煤气发电实现效益4527897.30元，其中发电实现效益4531649.73元，蒸汽实现效益351000.00元，递延收益实现效益22999.98元，扣除因发电增加，煤气发电实际增加效益4527897.30元。

3. 由于焦化公司是特色循环经济，符合国家节能减排政策，节能奖励资金1380万元，每年可递延收益92万元，每月可享受7.66万元，实际每月效益为258779.55万元，充分发电可兑现节能减排奖励资金对政府的承诺，缓解周围环境，充分体现循环经济发展。

4. 由于净水站、机修厂、锅炉车间等辅助生产部门发生费用全部由动力厂承担，动力厂费用相对增加，工资折旧固定费用不小，此因素也应考虑。

5.由于焦化公司实际总投资 34000 万元,其中环保投资 9925 万元,占实际投资的 29.19%。如果不充分发挥循环经济效益作用,对国家整体来说是一种资源的浪费,不能兑现国家政府的承诺。

上述数字和文字分析说明,焦化公司应挖掘潜力,加强对化产工艺的研究创新,提高化产回收,堵塞管理漏洞,提高管理水平,最终实现经济效益和社会效益双丰收。

这篇电力公司的经济活动分析报告采用开门见山的方法,开篇即直接切入正题。首先,回顾公司第一季度总体的经营工作,在肯定工作的基础上提出需要解决的问题;接着,分析电力生产的总体形势;最后,承前启后,在总结第一季度工作经验教训的基础上,为全年工作的顺利完成提出要求。报告运用的分析方法主要有因素分析法、平衡分析法等。

对经济活动的分析不仅采用文字数字说明,而且非常重视及时总结,做到有理有据。

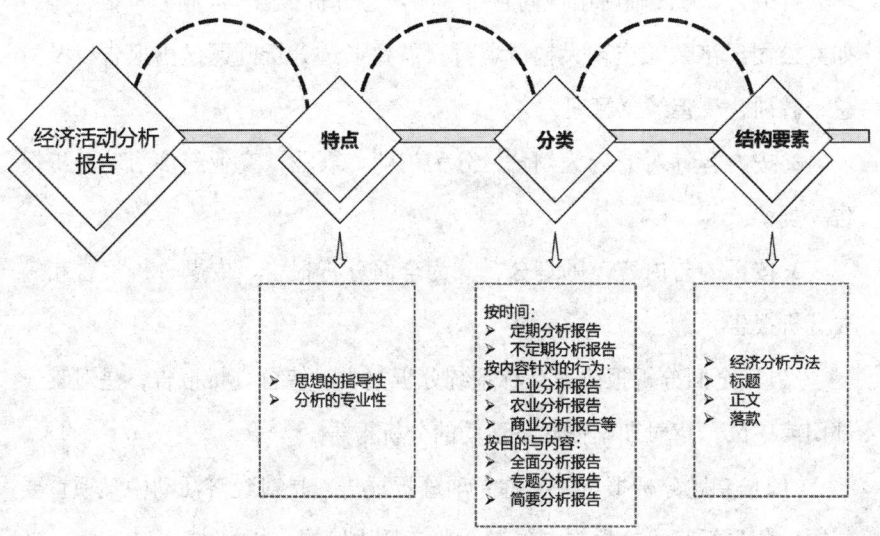

二、经济活动分析报告的特点、分类与结构要素

（一）特点

1.思想的指导性。经济活动分析报告中的结论总是被企业作为以后生产、经营、管理的主要依据，不仅指导本单位的经济活动，也可供其他企业借鉴，发挥间接指导作用。

2.分析的专业性。经济活动分析报告，顾名思义，重心在于"分析"。有精确可靠的分析为前提，才能完成书面报告的写作。较之其他经济报告类型，经济活动分析报告的分析工作专业性更强。

（二）分类

经济活动分析报告的划分标准有三种。

1.按时间划分，分为定期经济活动分析报告和不定期经济活动分析报告。定期经济活动分析报告包括年度、季度分析报告；不定期经济活动分析报告，有因临时出现问题而做的紧急分析报告、问题分析报告等，如某公司经济效益出现大幅滑坡时，需要通过分析问题做出报告以及时总结教训，改善经营管理。

2.按内容针对的行为划分，分为工业、农业、商业经济活动分析报告等类型。

3.按目的与内容范围划分，分为全面分析报告、专题分析报告和简要分析报告。

（1）全面分析报告。又称系统分析报告、综合分析报告，是对某一部门或单位一定时期整体经济活动的分析报告。

（2）专题分析报告。又称专项分析报告，是对经济活动中某项重要问题单独分析写成的报告，如对企业产品质量的分析报告。

（3）简要分析报告。一般针对时间较短的经济活动，围绕一两个重

点问题及时分析写成的报告,如商场对一季度库存情况的分析报告。

(三)结构要素

1. 经济分析方法。进入具体写作环节前,必须掌握一定的经济分析方法,常见的有下列五种。

(1) 对比分析法。将两个以上具有可比性的数字加以对比,找出差距,发现问题,提出改进方法。

①比计划:把本期完成的实际指标和计划指标相比较,为更好地完成计划创造条件。

②比历史:把本期完成的实际指标与上期或上年同期的实际指标相比较,或与历史上本单位最好的业绩相比较,以采取相应措施,提高经营管理水平。

③比先进:以本期实际指标与主客观条件大致相同的同行业先进单位的实际指标相比较,以学习先进经验。

(2) 因素分析法。通常在问题已查明的情况下,分析问题产生的各种因素。

(3) 动态分析法。它是根据单位过去和当前有关经济活动的现象、指标、条件等,对经济活动变化发展趋势进行科学预测。

(4) 调查分析法。它是通过访谈、问卷等方法掌握丰富资料和事实情况并进行分析的方法。

(5) 平衡分析法。它是指分析具有平衡关系的经济因素如供求情况等,将其与计划平衡关系进行对比,从而判断企业经济活动是否平衡,以便继续原有平衡或采取措施建立新的平衡关系,促进经济活动平稳前行。

2. 标题。

(1) 公文式标题。这是全面分析报告习惯采用的标题样式,由单位、时间、事由和文种组成。除事由和文种两项外,其余可视情况予以省略。

文种可用"分析报告",也可用"评估""建议"等字样,如"××公司2020年经济活动分析报告"也可写成"××公司2020年经济活动评估"。

(2)论文式标题。是用议论式语句作为标题,在标题中点明主旨,如"××省消费品市场运行特征与成因分析"。

(3)双标题。是以论文式标题为正标题,以公文式标题为副标题,如"有效控制稳定发展——2019年××市房地产市场发展形势分析"。

3. 正文。包括前言、主体和结尾三方面。

(1)前言。主要通过一定的数据材料,概括介绍经济活动的基本情况,说明分析的缘由和目的,为主体写作打好铺垫。

(2)主体。这是经济活动报告的重中之重,主要是围绕主旨全方位展开论述,通过对经济活动结果的分析说明,总结出客观、规律性的评价。全面分析报告要在全面中突出重点,详略结合;专题分析报告和简要分析报告则要于重点中照顾到全面。

主体部分的写作手法多样:一方面,将说明、议论、叙述有机结合,综合运用列数字、举例子、画图表等的说明方法;另一方面,结构安排较为灵活,可先摆出全部情况、列出数据再分析,或先说明情况,用数据加以证实,还可边写情况、边列数据、边分析,逐个解决问题,但要遵从平议、平叙的应用文语言规则。

(3)结尾。一般是根据分析得出结论,提出意见和建议,也有对未来提出一定的预测。如无必要,也可省略不写。

4. 落款。需要写明撰写单位与作者姓名、写作日期,位于正文右下方。

任务六　借条、欠条和收条的写作

一、借条、欠条和收条的概念

借条、欠条和收条是三种最基础的字据凭证，在日常生活、商业往来或经济活动中经常使用。这些字据相当于合同，作为日后主张债务权利的凭证，是实现债权、债务清偿的主要证据，司法实践中分别代表不同的含义，具有不同的证明对象。

因为人们各种不规范的做法，借条、欠条和收条经常会惹来麻烦，甚至惹来官司，事前预防优于事后解决，未雨绸缪远胜亡羊补牢。条据只有规范、缜密、明确，才会最大限度地避免纠纷产生。

1.借条。借条是指借、贷双方设立权利义务关系时，由债务人向债权人出具的债权凭证，又称借据。借条在借贷现金时使用最多，出借人交付借款时往往要求借款人开具借条，交由出借人收执，以证实借款的事实；借用物品时，有时出借人也会要求对方打借条。

借条是证明借贷合同关系之存在的必然凭据，是出借人向借款人交付借款时，借款人向出借人出具的一种借贷事实的依据。

借　条

今借到胡××人民币×××元整，××日内还清。

特立此据！

借款人：×××（签名盖章）

身份证号码：×××××××××××××××

2020 年 7 月 8 日

2.欠条。又称欠据，通常是由于债务人应当向债权人履行债务时，因自身原因不能按时偿还而向债权人出具的债权凭证。"欠"字与"借"字有很大的区别：前者反映的是一种状态，无法表明债权关系形成的真正原因；后者表明债权关系是因借贷而形成。欠条和借条性质不同：借条是用以确认借款的法律事实；欠条是欠款的凭证，是对欠款事实的确认，具有催款的性质。

当借条持有人凭借条向法院起诉时，由于通过借条本身较易识别和认定当事人存在的借款事实，借条持有人一般只需向法院简单地陈述借款事实经过即可，对方要抵赖的话一般很困难。但是当欠条持有人凭欠条向法院起诉时，欠条持有人必须向法官陈述欠款形成的事实。如果对方否认，欠条持有人须进一步证明欠条形成的事实。

欠 条

本人 _____（身份证号：_____）由于 _____ 事情，于 _____ 年 _____ 月 _____ 日亏欠 _____（身份证号：_____）人民币 _____ 元整（大写：_____ 元）。

经双方协商，利息定为人民币 _____ 元整（大写：_____ 元），债务人必须于 _____ 年 _____ 月 _____ 日前全部还清本金和利息。双方约定由债权人住所地人民法院（随债权人住所地的变更而变更）管辖因此债权债务关系产生的各项诉讼；债权人因为追偿此债务产生的律师费、诉讼费、仲裁费、交通费、误工费等费用或者是其他损失，由债务人承担。

双方一致同意本协议具有强制执行效力。特立此据！

债务人：（签字且按手印）

_____ 年 _____ 月 _____ 日

3. 收条。它是指收到别人或单位送到的钱物时写给对方的一种凭据。正式的收条又称收据，无论收到钱还是物品都可开具收条。收条可以用来证实履行了交钱或物的合同义务。例如，甲、乙双方签订买卖合同，在乙方履行交付货物约定之后，甲方必须支付乙方货款，乙方收到货款时则必须开具收条（收据或发票）给甲方收执。收条一般附有基础合同，基础合同可以是买卖合同、承揽合同、运输合同等。

收　条

今 收 到 _____（身 份 证 号：_____）送来的棉花技术承包合同资金叁仟圆整。

××省农业科学研究所

经手人：×××

2020 年 7 月 8 日

二、借条、欠条和收条的特点与结构要素

（一）特点

1. 借条的特点。一个"借"字，不但反映出借、贷双方的借款合

同关系，也反映出贷方已履行借款合同中的出借义务。假如借款人不守诚信，不履行返还借款义务，出借人可以凭着借条起诉到法院，请求法院判令借款人返还借款。此时，借条成为借贷纠纷案件中最重要的证据，只要借条能够足以证实双方存在借款事实，法院会支持出借人的诉讼请求。

对于借款的利息，按照最高人民法院《关于人民法院审理借贷案件的若干意见》第6条规定，最高不得超过银行同类贷款利率的四倍（包含利率本数）；第9条规定，公民之间的定期无息借贷，出借人要求借款人偿付逾期利息，或者不定期无息借贷经催告不还，出借人要求偿付催告后利息的，可参照银行同类贷款的利率计息。

关于借条的诉讼时效问题，对于注明还款期限的，如借款人在约定的还款期限没有还清借款，按照《民法通则》第135条规定，诉讼时效期间均从其注明的还款期限之次日起开始计算为2年。

出借人可以自约定还款期限届满之日起2年内向法院提出起诉，超过2年就超过了诉讼时效，法院不予以支持诉讼请求；如出借人在还款期限届满之日起2年内向借款人追讨债务，则构成诉讼时效中断，自出借人追讨之日起重新计算诉讼时效。

对于超过诉讼时效期间借款人在催款通知单上签字或者盖章，应当视为对原债务的重新确认，该债权债务关系应受法律保护。追讨债权时，出借人有必要要求借款人在借条上写清楚：某年某月某日谁向谁追讨借款，并让借款人签名确认追讨事实。

有些借条没有约定清楚还款期限，出借人可以随时要求借款人合理期限内返还借款，诉讼时效应从出借人主张权利的次日起计算为2年。权利人再次主张权利的，适用诉讼时效中断的规定。但《民法通则》第137条规定："从权利被侵害之日起超过20年的，人民法院不予保护。"

2. 欠条的特点。欠条产生的原因有很多，借钱可以是其中一种，其他如履行买卖合同、承揽合同、运输合同等中，只要债务人没有及时履行债务，债权人也可要求打欠条。很多时候，欠条往往是双方经济往来的一种结算凭证，表明自写欠条之日起双方形成一种债权债务关系。书写欠条除了要注意写借条时的事项外，还要注意写清欠条产生的事由。

就欠款纠纷而言，原告出具的欠条不但要证明欠款事实，还要证明欠款的合法性，写清事由，也就说明欠款的合法性。违法的欠款是得不到法院支持的，如由于赌博写的欠条，只要有证据证实违法事实，法院不会支持这种债权。

需要注意的是，"爱情欠条"没有法律效力。婚姻关系是一种人身关系，不具有强制性，这样的"爱情欠条"明显违背婚姻自由的法律原则，是无效的。

通常情况下，欠条往往附有一份基础合同，证实债权人和债务人的合同关系，也佐证债权的合法性。从另一角度理解，欠条实际上证实债权人已履行基础合同的义务，债务人却没有及时履行基础合同的付款义务。不但一般的合同履行后结算时可以打欠条，履行劳动合同中，劳方也可要求资方打工资欠条。

3. 收条的特点。借钱物或欠钱物一方将所欠、借的钱物还回时，借出方当事人不在场，只能由他人代收时可以写收条。如果当事人在场，不必再写收条，把原来的欠条或借条退回或销毁即可。

个人向单位或团体上缴有关费用或财物时，对方须开收条以示证明。

单位和单位之间的钱物往来，均应开具收条。当然，正常交易下一般有国家统一印制的正式票据，这属于另一类情况。

购买商品或接受服务中，支付货款或费用的一方常常要求对方开具发票。发票与收据都具有法律效力，但发票更为正式、规范。所谓发票，是指在购销商品或接受服务以及从事其他经营活动中开具的收款凭证。

无论从保护消费者合法权益的角度看，还是从增加国家财政税收的角度来说，在正式的交易中，买方支付货款（费用）时都应要求对方开具发票。

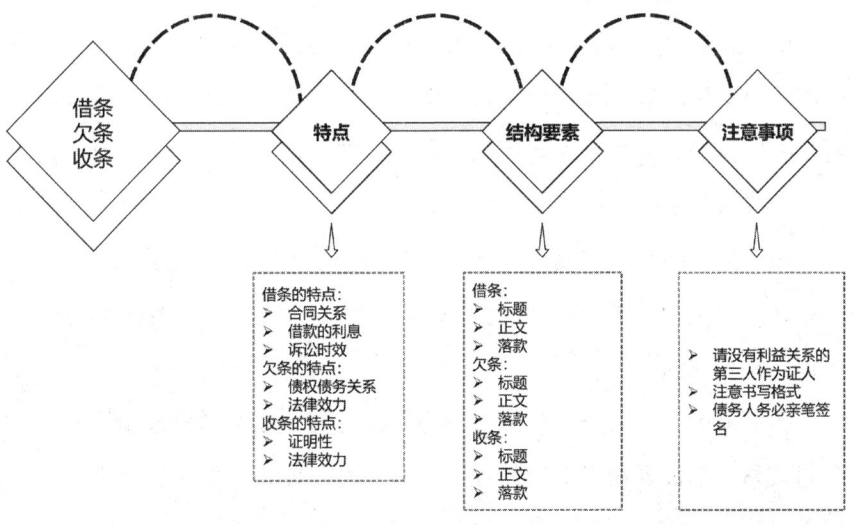

（二）结构要素

1.借条。借条的写法一般包括三部分。

（1）标题。可由两种方式构成。

①直接由文种名构成，即在正文上方中间写上"借条"或"借据"字样。

②在第一行空两格后写"今借到"作为标题，正文其他内容放在下一行顶格写，这是一种省去标题的借据写法。

（2）正文。要写明下列一些内容。

①从哪里得到什么东西、数量多少，写出所借钱物的数目及物品的品种、型号、式样、规格等，所借钱物数目要用大写。借出方也须写清楚，从单位借出的钱物要写上所为何用。

②写明归还的具体日期或大致时间，情况复杂的要写明具体归还

方法。

(3) 落款。写上借条者的单位名称和经手人姓名或借方个人的姓名，必要时须加盖公（私）章，以示负责。单位、个人名称前一般写上"立据人"或"借款人"字样，署名部分还要写借钱物的具体时间，年、月、日要齐全，不要只写月、日。

2. 欠条。一般由标题、正文、落款三部分组成。

(1) 标题。一般由文种名构成，即在正文上方中间以较大字体写上"欠条"两字。也有在此位置写上"暂欠"或"今欠"字样作为标题，其正文在下一行顶格写。

(2) 正文。写清欠某某人或某某单位什么东西、数量多少，注明偿还日期。

(3) 落款。署上欠方单位名称和经手人的亲笔签名，个人出具的欠条则须署上欠方个人的姓名，同时署上欠条日期。单位的要加盖公章。

3. 收条。一个完整的收条，通常由标题、正文、落款三部分组成。

(1) 标题。写在正文上方中间位置，字体稍大。标题有两种写法：一是直接由文种名构成，即写上"收条"或"收据"字样；二是把正文的前三个字作为标题，正文从第二行顶格处接着往下写，如用"今收到""现收到""已收到"为标题。

(2) 正文。一般在第二行空两格处开始写，但以"今收到"等为标题的收条不空格。正文一般要写明下列内容，即收到钱物的数量、物品种类、规格等。

(3) 落款。落款一般要求写上收钱物的个人姓名或单位名称，署上收到的具体日期，单位的还要加盖公章。某人经手的一般要在姓名前加上"经手人："字样；代别人收的，要在姓名前加上"代收人："字样。

三、注意事项

借条、欠条和收条是三种不同的字据凭证，应视具体情况恰当使用。由于三种字据一般都是民间行为，所以，双方当事人最好请没有利益关系的第三人作为证人，并注意字据的书写格式：标题、正文、署名和日期。正文中，最好写明事由和还款日期，涉及金额的必须大写。同时，最好在字据中体现双方当事人的身份证号码，可避免不必要的纠纷。

债务人签名时，债权人必须亲眼看其签名。最后，在借条的措辞上也要注意语句的应用，避免出现模糊不清的句子，最后产生分歧。

项目六
法律公文

☆ **学 习 目 标** ☆

能够了解法律公文的概念、性质、特点、作用和分类;明确授权委托书和各种诉讼文书的写作方法;熟知授权委托书和各种诉讼文书的制作要求;掌握授权委托书和各种诉讼文书的特点与应用范围。

☆ **关 键 词** ☆

授权委托书／起诉状／答辩状／上诉状／申诉状

法律公文是一种程式化文书，它庄重严肃，结构固定，采用程式化的行文，用词造句要求准确规范、解释单一、言简意赅、通俗易懂，绝不能模棱两可、似是而非。因此，法律公文的起草使用，通常是受过专门法律训练的律师、法官等法律工作者才能胜任。

任务一　授权委托书

一、授权委托书的概念

授权委托书，又称代理证书，是指由被代理人出具的证明代理人具有代理权并指明其权限的书面法律文件，是代理资格的证明。

授权委托书

委托单位：青岛市××学校

地址：青岛××区××路××号

联系人：张××

职务：青岛××学校校长

电话：××

受委托单位：青岛市××区邮政局

地址：青岛××区××路××号

联系人：刘××

职务：青岛市××区邮政局局长

电话：××

现委托青岛市××区邮政局将我校校徽和图书馆大楼照片作为邮资信封使用。

委托单位：青岛市××学校（印章）

2020 年 × 月 × 日

这是一份授权委托书，是学校委托邮政局将校徽和图书馆照片作为邮资信封使用。

二、授权委托书的特点、分类与结构要素

（一）特点

1. 民事代理授权委托书的特点

（1）它是非诉讼性的委托代理文书，由被代理人委托代理人在一定权限范围进行民事法律行为，如委托房产中介出卖、管理房屋等。

（2）它是根据被代理人的授权而成立的文书。被代理人授予的权限有多大，委托代理人就行使多大权限。委托人委托的权限应当依法进行，不得违反法律法规的规定，必须出于被代理人的自愿，代理人不得强行要求代理。委托人委托的代理权限应具体明确，不能笼统含糊。

（3）被代理人授权代理后，应给予代理人授权委托书作为代理的凭据。

2. 民事诉讼代理授权委托书的特点

（1）它是当事人、第三人、法定代理人委托他人代为诉讼的一种文书，是委托代理人为被代理人进行诉讼活动的依据，只有委托人签名或盖章的授权委托书才有效。

（2）它是根据被代理人在诉讼中的授权而成立的文书，规定了委托代理人的代理权限。委托代理人有了诉讼代理权，才能在代理权的范围内为代理人行使诉讼行为，如查阅案卷、陈述辩论、审查证据等。被代理人授予的权限有多大，委托代理人就行使多大权限，受委托人无权行使没有被授予的权限。委托代理人在代理权限的诉讼行为，和当事人实施的诉讼行为有同等效力。委托代理人根据代理权实施的一切诉讼行为，其法律后果一概由被代理人承担。

（3）它是被代理人向人民法院送交的文书。委托代理人的代理权确定后，可书写授权委托书。被代理人应当向受理案件的人民法院送交这种文书，以证明代理权的确定及其范围。如果变更或解除代理权时，被代理人应当书面报告人民法院，并通知有关当事人。案件在审结、裁判或双方和解后，授权委托书的效力即告终结，代理权同时消失。

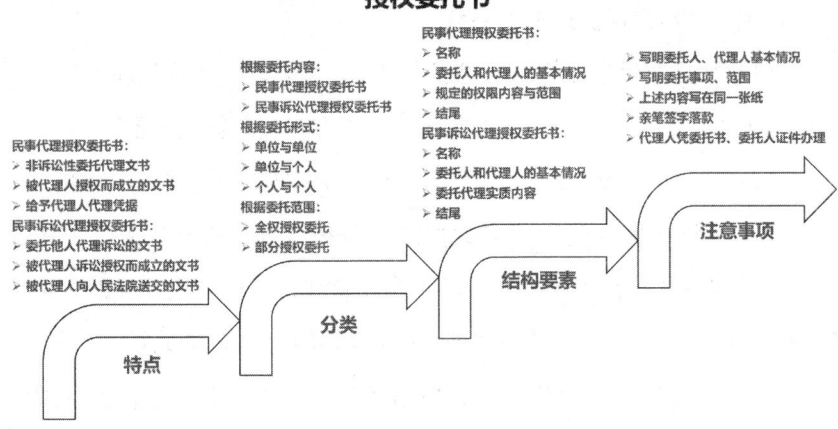

（二）分类

1.根据委托内容，分为民事代理授权委托书和民事诉讼代理授权委托书。

2.根据委托形式，分为单位与单位、单位与个人、个人与个人之间的授权委托书。

3. 根据授权范围，分为全权授权委托书和部分授权委托书。

（三）结构要素

1. 民事代理授权委托书由四部分组成

（1）名称。应写明"委托书"或"×××委托书"。

（2）委托人和受委托人（代理人）的基本情况，包括姓名、性别、年龄、民族、籍贯、职业、住址或单位名称。

（3）规定的权限内容和范围。这是委托书的主体部分，应根据具体情况表述。如果是一次性有效的委托书，应当规定实施某一特定行为的权限；如果是专门委托书，应当规定某一时期内实施同一行为的权限（如某企业委托某人销售产品的委托书）；如果是全权委托书，应当规定实施由于经营财产产生的各种法律行为的权限（如房产中介全权代理处理房产的委托书）。

（4）结尾。应由委托人、受委托人分别签名并盖章，注明具体日期。

2. 民事诉讼代理授权委托书由四个部分组成。

（1）名称。写明"授权委托书"。

（2）委托人（被代理人）和受委托人（委托代理人）的基本情况，包括姓名、性别、年龄、民族、籍贯、职业、住址。受委托人可以是当事人的近亲属，即夫妻、父母、成年子女和同胞兄弟姐妹，也可以是律师、人民团体和当事人所在单位推荐的人，或是人民法院许可的其他公民。未成年或被剥夺政治权利的人，不能担任代理人；参与案件审理的审判员及其近亲属，不能担任本案的代理人。

（3）诉讼委托的实质内容，包括三个方面。

①委托代理的是什么案件。要写明案件名称，如继承案或是经济合同纠纷案等。

②根据法律规定，写明"委托人×××自愿委托×××，并经其

同意为受委托人"。

③必须具体说明委托的事项和权限。委托人委托代理的事项和权限，根据委托人的授权有所不同。诉讼委托书应说明是特别授权委托或一般委托，如果是特别授权委托，应说明"代为承认、放弃、变更诉讼请求，进行和解，提起原诉或者上诉"，目的是明确责任，以便受委托人按委托人明确的委托权限诉讼。

如有超越代理权限的行为，对委托人不发生效力。按照诉讼委托书中规定的代理权实施的一切诉讼行为，其法律后果均由委托人承担。因此，诉讼委托书具体说明委托事项和权限时，其法律用语的含义应十分明确，不能笼统，忌用"给予法律上的帮助"和"部分诉讼代理"等含义不清的语言。

（4）结尾。委托人和受委托人分别签名或盖章，注明具体日期。

三、注意事项

无论哪种形式的委托书，写作时都应注意以下几点。

1. 委托书必须写明委托人和被委托人的姓名、年龄、民族、职业、住址、联系方式等。

2. 写明具体委托事项、委托范围。

3. 上述各项内容，须书写在同一页纸内；如果由两张纸及其以上构成的，属无效委托，不予认可。

4. 委托书最后应有委托人、被委托人亲自签字落款。

5. 被委托人凭委托书及被委托人证件办理相关手续。

任务二　起诉状

一、起诉状的概念

起诉状是指公民、法人和其他组织认为自己的权益受到侵害或与他人发生争议时，为维护自身合法权益依法向人民法院提交的书面请求。

诉讼过程中提出诉讼者为原告，被诉讼者为被告。原告诉讼时应向人民法院提交起诉状，且有正本和副本，其中正本一份，副本份数根据被告人数确定。

民事起诉状

原告：××省××县农村信用合作社联合社

住所地：××县人民中路8号

法定代表人：杨×，社主任

被告：史××，男，汉族，33岁，住××县城关镇东中村

案由：侵权纠纷

诉讼请求：

1.被告立即停止侵害，立即返还非法占用原告的房屋。

2.被告支付非法占用原告房屋期间的占用费7500元（自2019年8月1日起至2019年11月1日止，按年租金30000元计算，并要求顺延至实际履行之日）。

3.本案诉讼费由被告承担。

事实和理由：

2018年7月10日，原告与××县酒厂职工刘××签订临街楼租赁合同一份，将位于××县人民中路8号东段临街门面房上下四间租赁给刘××使用，租赁期限为一年，自2018年8月1日至2019年8月1日止，年租金为30000元。同时，合同第四条第二款规定："乙方租赁的房屋，在租赁期限内只限于承租人自身使用，不经甲方同意不得擅自转租或允许他人使用。"合同签订后，刘××将租金按时交付原告。

2019年7月底，合同即将到期时，原告发现刘××未经己方同意，擅自将上下三间房屋交与被告史××使用。因刘××的行为违反合同约定，原告决定与刘××不再续签合同，并口头通知被告史××立即腾出房屋交还原告，但被告却置之不理。2019年9月20日，原告向史××发出书面通知，要求其5日内腾出房屋，但被告至今仍未腾房，其行为严重侵害了原告的合法权益。

为保护原告的合法民事权益不受侵犯，特依据《中华人民共和国民事诉讼法》的规定，向贵院提起诉讼，请依法裁判，支持原告的诉讼请求！

此致

××县人民法院
起诉人：××省××县农村信用合作社联合社
××××年×月××日

这是一份有关房屋租赁到期不履行合同的民事起诉状。原告的诉讼请求明确，事实清晰，理由充分。

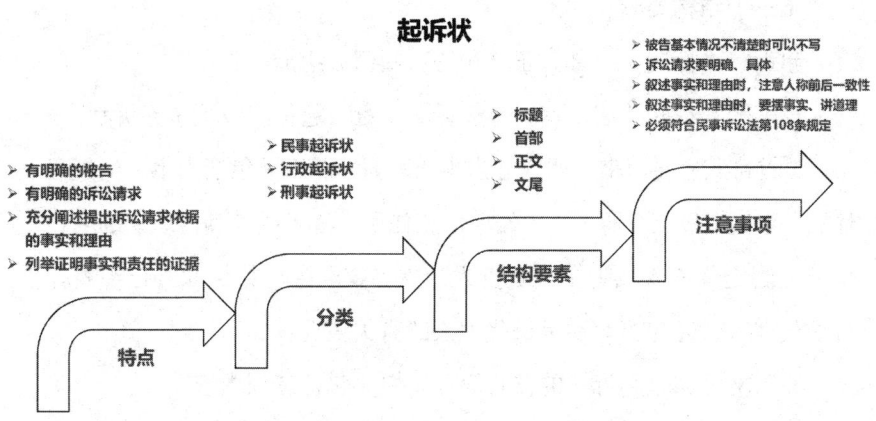

二、起诉状的特点、分类与结构要素

（一）特点

1.有明确的被告。如果有两个以上的被告人，应按其承担责任的大小、主次顺序排列。

2.有明确的诉讼请求。诉讼请求一定要具体、明确，所提要求或事项能够履行，数据明确，避免笼统抽象。诸如"要求被告赔偿给原告造成的一切经济损失"，这种说法没有明确的数字，法院将无法受理。

3.充分阐述提出诉讼请求依据的事实和理由。事实部分包括时间、地点、人物、事件、原因、结果等要素，要真实、明确。理由部分包括：确认原告和被告之间法律关系的性质；确认原告的损害与被告的违法行为有因果关系；提供主张权利的法律依据；确定原告、被告的法律责任。

4.列举证明事实和责任的证据，包括书证、物证、视听资料、证人证言、鉴定结论和勘验笔录等。

（二）分类

根据诉讼程序的性质，起诉状分为民事起诉状、行政起诉状和刑事起诉状三种。

（三）结构要素

起诉状由标题、首部、正文和尾部四部分组成。

1. 标题。在开头居中写民事起诉状、行政起诉状或刑事起诉状。

2. 首部。主要用来写明双方当事人的基本情况，包括当事人的姓名、性别、年龄、民族、职业、工作单位和住所，法人或者其他组织的名称、住所，法定代表人或者主要负责人的姓名、职务。如果原告已经委托了诉讼代理人，还应当写明诉讼代理人的有关情况。

3. 正文。这是起诉状的核心部分，主要包括三项内容。

（1）请求事项（又称诉讼请求）。这部分具体写明原告请求人民法院依法解决的有关权益争议的具体问题，即诉讼标的，如请求归还财产、赔偿损失、债务清偿、履行合同、产权归还等，最后一项通常为诉讼费用的负担要求。请求事项应写得明确、具体、简明扼要。

（2）事实与理由。重点写明原告和被告之间法律关系存在的事实以及利益发生争议的基本情况，就双方发生争议的权益性质，被告侵权行为的性质、危害和后果以及应当承担的法律责任加以阐述和论证，以说明原告人诉讼请求提出的真实性、合理性和合法性。

（3）证据和证据来源、证人姓名和住址。这主要是依次列举证据和证人情况，说明证据的可信性，以使人民法院查证核实。正文结束前通常要写上："根据法律有关规定，特向贵院提起诉讼，请依法公正裁判。"

4. 文尾。其内容比较简单，有固定的格式，依次写明受诉法院全称、起诉人名称、起诉时间以及附项等。

三、注意事项

1. 被告的基本情况不太清楚时，可以不写，但必须写明被告的姓名或名称以及住址或地址。

2.诉讼请求要明确、具体,不可混淆案件性质。民事起诉状不能意气用事,夹杂刑事自诉状的请求,造成民事、刑事不分,使人民法院难于受理。

3.叙述事实和理由时,一定要注意人称前后的一致性,不能时而用"我",时而用"原告"。

4.叙述事实和理由时,一定要摆事实、讲道理,努力做到据事论理、以理服人,切忌随意夸大或缩小、捕风捉影,甚至讽刺挖苦、污蔑谩骂。理由阐述要做到简要、概括,避免内容过多、主旨不清,不要进行过多的分析与论证,详细分析与论证应留由代理律师来完成。

5.根据我国民事诉讼法第108条及有关规定,起诉必须符合下列条件:①原告必须是与本案有直接利害关系的公民、法人和其他组织;②必须有明确的被告;③必须有具体的诉讼请求和事实、理由;④必须属于人民法院受理的范围和受诉人民法院管辖。

任务三　答辩状

一、答辩状的概念

答辩状是被告或被上诉人对原告起诉状或上诉人上诉状中的内容进行回答和辩驳的书状。

答辩状

答辩人：××电器公司

案由：购销合同纠纷

事实和理由：因原告诉我公司购销合同纠纷一案，提出如下答辩。

我公司认为本案涉及的购销合同应是无效合同，不应承担履约义务和违约责任。

理由有两点：

1. 原告在该购销合同中主体不合格。根据我国《工业产品生产许可证暂行条例》的规定："凡实施工业产品生产许可证的产品，企业必须取得生产许可证才具有生产该产品的资格。"电冰箱在我国是实行工业产品生产许可证制度的产品，原告并未取得该生产许可证，故没有生产销售电冰箱的资格。

2. 该合同内容违法。这表现在合同的质量条款中，按该合同规定，标的质量采取厂标。但电冰箱是实行国家标准的产品，按照《工矿产品购销合同条例》规定，产品的技术标准有国家标准的按国家标准。所以，该合同的产品质量条款违反法律规定。

由于该购销合同是无效合同，也就不存在履约和违约的问题，原告的诉讼请求和根据就难以成立。至于因合同无效造成的损失，因过错在原告一方，应由其承担全部责任。

此致

××人民法院

具状人：××电器公司

××××年×月×日

这是一份有关购销合同发生纠纷的答辩状。答辩人以原告未取得电冰箱生产许可证和根据有关法律规定该合同的产品质量违法两条理由，充分说明本合同属于无效合同，原告的诉讼请求和根据也就难以成立。

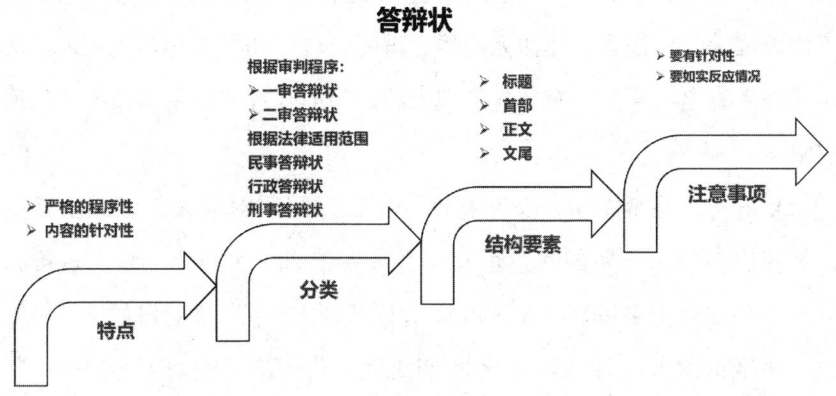

二、答辩状的特点、分类与结构要素

（一）特点

1.严格的程序性。民事和行政诉讼法规定，被告收到人民法院送达的起诉状副本后，15日内应该提交答辩状。人民法院收到答辩状后，应在5日内将答辩状副本发送原告。被上诉人收到原审法院送达的上诉状副本后，15日内应当提出答辩状。民事诉讼法又规定，当事人不提交答辩状，不影响人民法院对案件的审理。

2.内容的针对性。答辩请求和理由撰写时都应具有更强的针对性，且要具备敏锐的洞察力，从诉讼事实特别是对方的起诉状中发现利于己方的细节和漏洞，并进行有力辩驳。

（二）分类

1.根据审判程序，分为：一审答辩状，以被告身份针对原告人的起诉状提交；二审答辩状，以被上诉人的身份针对上诉人的上诉状提交。

2.根据法律适用范围，分为民事答辩状、行政答辩状和刑事答辩状。

（三）结构要素

1. 标题。要在开头居中写明民事答辩状、行政答辩状或刑事答辩状。

2. 首部。写明答辩人的基本情况，即姓名、性别、年龄、民族、住址、工作单位等。由法人、非法人团体答辩时，应写明其全称、所在地、法定代表人姓名、职务。有委托代理人的，写明代理人的基本情况、代理权限。

3. 正文。答辩案由，又称答辩原因，即写明对何人起诉或上诉的何案提出答辩。一审的答辩可写"答辩人于20××年×月×日接到××人民法院交来被答辩人×××起诉状副本一份，现答辩如下……"或"现将×××（姓名）为××纠纷案上告一事，做如下答辩……"二审的答辩状可写"×××（上诉人姓名）因不服××人民法院（年度）××字××号判决，提起上诉，现就上诉所列各点答辩如下……"

答辩理由是答辩状的主体，要根据起诉状或上诉状的内容来确定。这部分要逐项反驳原告人起诉中提出的请求事实和理由，或针对上诉人在上诉状中提出的上诉请求和理由答辩，相应地提出相反的事实、证据和理由，以证明自己的理由和观点正确，提出的意见和要求合理。

一审答辩状和二审答辩状的写作目的和方法略有不同。一审答辩状是对原告的起诉进行反驳；二审答辩状是要求二审法院维持一审裁判驳回上诉，写作方法要采用反驳方式，即根据一审法院查明案件事实和审理情况，对上诉理由逐条驳斥，证明一审裁判不正确。答辩可根据案情采取不同的写作方法：起诉事实不实的，可重点采用叙述的方法叙述真实情况；起诉超过法定诉讼有效期限的，可以重点分析原告的起诉超过诉讼有效期限；原告资格不合格的，重点分析原告的资格问题。写答辩理由时，对原告起诉状中真实的材料、正确的理由、合法合理的请求，应予以概括肯定，不能强词夺理、进行诡辩。

对于行政答辩状，要注意侧重行政行为依据事实，写清行政行为依据的法律规定或政策文件。

答辩意见，即阐明答辩理由之后，简要明了地提出自己的答辩意见或反诉请求。这往往表述在结语中，如"据上所答，请驳回原告的起诉"或"请详查事实，予以公正审理"等。

4.文尾。尾部给出呈文对象，即致送机关，如"此致，××人民法院"以及答辩人签名、盖章，书写答辩状的年、月、日和附件，包括副本份数、证据份数。

三、注意事项

1.要有针对性，无论是对起诉状还是上诉状的答辩都要抓住关键性问题，有针对性地批驳。

2.如实反映情况，充分利用利于己方的证据和事实，切忌夸大，更不能提供虚假证据。同时要注意，应提供佐证事实的证据，使答辩立于不败之地，切实维护答辩人的合法权益。

任务四　上诉状

一、上诉状的概念

上诉状是指刑事案件、民事案件、行政案件的诉讼当事人或者他们的法定代理人，不服一审法院的判决或裁定，依照法定程序，在法定期限内向原审法院的上一级法院提起上诉，请求其撤销、变更原审裁判或者重审的书面请求。

上诉状

上诉人（原审原告）：××，男，1960年7月14日生，汉族，农民，身份证号：××，电话：××，住址：××

被上诉人（原审被告）：×××

地址：××

被上诉人（原审第三人）：××有限公司

法定代表人：×××，董事长，住址：××

上诉人不服××自治区×县人民法院于××××年4月16日做出的"（××××）×行初字第11号"行政裁定，现提出上诉。

上诉请求：

1.依法撤销原审错误裁定，发回重审或者依法改判并支持上诉人的诉讼请求；

2.由被上诉人承担本案诉讼费用。

上诉理由：

一、原审裁定混淆立案审查与法庭审查的区别，实际上剥夺了当事人的诉权。

见原审裁定："本院认为，被告下属部门对第三人的请示报告所做出的《批复》，属告知第三人可以依法办理相关征收土地手续的行为，该告知行为并不代表征收土地行为的事实发生，对原告的权利义务并不产生实质影响，《批复》不是具体行政行为。原告起诉不符合《中华人民共和国行政诉讼法》提起诉讼应当符合的条件。"

原审裁定在被上诉人未提供任何证据，也未开庭审理的情况下就武断认定"征地批复"为"属告知第三人可以依法办理相关征收土地手续的行为，该告知行为并不代表征收土地行为的事实发生，对原告的权利义务并不产生实质影响,《批复》不是具体行政行为",从而认定:"上诉人的起诉不符合《中华人民共和国行政诉讼法》提起诉讼应当符合的条件。"这是典型的实体审查,即审查原告实际意义上的诉权即胜诉权。这完全违反《中华人民共和国行政诉讼法》的规定:立案审查只能审查原告程序意义上的诉权,即起诉权。至于实际意义上的胜诉权,应该待立案后由合议庭做出立案审查基本原则。应予纠正!

二、原审裁定适用法律错误。

见原审裁定:"依照《中华人民共和国行政诉讼法》第四十一条和《最高人民法院关于执行〈中华人民共和国行政诉讼法〉若干问题的解释》第三十二条第二款的规定,裁定如下:驳回×××的起诉。"

我国行政诉讼法第41条规定了提起行政诉讼的四个条件:①原告是认为具体行政行为侵犯其合法权益的公民、法人或者其他组织;②有明确的被告;③有具体的诉讼请求和事实依据;④属于法院的受案范围和受诉法院管辖。符合上述条件即可向法院起诉。人民法院对原告的起诉进行审查,称为立案审查。立案审查只审查原告程序意义上的诉权,即起诉权,而不审查原告实际意义上诉权,即胜诉权。

除上述规定外,对上诉人的起诉权没有其他限制条件,故法院在立案审查时只能从下面几方面审查上诉人的起诉权。

1. 原告认为行政机关和行政机关工作人员的具体行政行为侵犯其合法权益。

(1)注意原告认为侵犯其合法权益,是原告主观的认识、臆断或者假设,是主观标准。只要原告主观上认为其合法权益受到侵犯即有程序意义上的起诉权,可向法院起诉,法院不应以原告的权益是否实际受到侵犯在立案受理前加以限制,客观上原告的权益是否受到侵犯,须经法庭审理方可确定。

(2)即使原告的权益不是合法权益也不应成为限制原告起诉的理由。

所谓原告的合法权益，是指权益符合法律、法规、政策的规定。原告认为权益合法即可寻求司法保护，至于是不是合法权益，有待法庭审理确认。立案受理时，不应对原告权益是否合法加以限制。

2.有明确的被告。被告明确即可受理。被告明确可能符合行政法明确规定，也可能原告起诉状确认被告明确。被告明确并非被告适格，被告是否适格是法庭审查的内容，不是立案受理审查的内容。

3.有具体的诉讼请求和事实证据。

（1）诉讼请求是法院审理行政争议的基础，原告的起诉请求必须明确、具体。所谓具体，是要符合我国行政诉讼法第54条规定的请求种类，即请求判决维持，请求判决撤销，请求判决履行法定职责，请求判决变更，或者请求判决赔偿。原告的诉讼请求不具体、不明确，立案审查时应要求原告补正，原告坚持不补正的，法院不予受理。

（2）原告的诉讼请求具体并有事实证据，即符合起诉条件。原告起诉时提供的证据是否真实，不影响原告的起诉权，事实证据是否真实有待于法庭审理确认。因此，起诉时提供的事实证据并不必须是真实证据。

4.属于法院受案范围和受诉法院管辖。具体要符合我国行政诉讼法第11条规定的受案范围和第2章关于管辖的规定。

5.符合起诉期限和有关复议的规定。起诉人符合上述条件，即可向法院起诉。法院对起诉进行审查，决定是否受理。法院立案审查主要对起诉人的起诉状进行书面审查，即形式要件的审查。起诉人的起诉符合上述条件，法院即应受理。

法律规定起诉条件，一是防止某些人滥用诉权，二是防止某些法院对符合起诉条件的案件不予受理，使公民、法人或者其他组织的合法权益不能及时得到司法保护。

本案一审法院立案时即审查原告的权益是否实际受到侵犯，完全混淆立案审查与法庭审查的区别，限制原告起诉，造成告状难。

望二审法院查明案件事实，正确适用法律，纠正原审错误裁定！

此致

　　　　　　　　　　××自治区××市中级人民法院

　　　　　　　　　　具状人：××

　　　　　　　　　　××××年×月××日

附：

本行政诉状正本1份，副本4份，各计1页；

上诉人身份证复印件1份，计1页；

××自治区××县人民法院于××××年4月16日做出的"（××××）×行初字第11号"行政裁定书复印件1份，计1页；

授权委托书原件2份，各计1页。

这是一份不服行政判决的上诉状。上诉人以大量的事实和充分的理由说明该行政判决不合理。

二、上诉状的特点、分类与结构要素

（一）特点

1.是针对一审人民法院的裁判，而不是针对检察机关或对当事人提出的。

2.一般是引起二审人民法院受理并对案件重新审理的依据。

3.适用于刑事、民事和行政案件。作为刑事案件，它既可以由刑事案件原审的被告人提出，也可由刑事案件原审的主诉人提出，公诉案件的被害人只能就附带民事部分提出；作为民事案件、行政案件，既可以由原审原告提出，也可以由原审被告提出，还可以由原审的第三人提出。

（二）分类

根据案件性质，分为民事上诉状、刑事上诉状、行政上诉状三种。

1. 民事上诉状，是指民事案件当事人或其法定代理人不服一审人民法院的民事判决、裁定，在上诉期间要求上级人民法院审理、撤销、变更原裁判提出的书面请求。

2. 行政上诉状，是指行政诉讼当事人不服人民法院的一审行政判决、裁定，依法要求上一级人民法院撤销、变更一审判决的书面请求。

3. 刑事上诉状，是指刑事案件当事人及其法定代理人或刑事被告人的辩护人及近亲属经被告人同意，不服地方各级人民法院的一审判决、裁定，依照法定程序和期限要求上一级人民法院撤销或变更原裁判的书面请求。

上诉状

- 特点
  - 针对一审人民法院的裁判
  - 引起二审人民法院受理并对案件重新审理的依据
  - 适用于民事、行政、刑事案件

- 分类
  - 民事上诉状
  - 行政上诉状
  - 刑事上诉状

- 结构要素
  - 标题
  - 首部
  - 正文
  - 尾部

- 注意事项
  - 法定限期内制作完成并交于法院
  - 有明确的上诉目的
  - 对原审判书遗漏的重要事项予以补充
  - 上诉理由要有针对性

（三）结构要素

1. 标题。开头居中写民事上诉状、行政上诉状或刑事上诉状。

2. 首部。主要是当事人的基本情况，包括上诉人和被上诉人。先写上诉人，后写被上诉人以及原审人民法院的名称、案件编号和案由。书写项目和次序与起诉状相同。值得注意的是，应把当事人在一审中所处的诉讼地位（原告、被告或是第三人）用括号加以注明。

3. 正文。包括上诉请求、事实和理由两项内容。具体行文时，既可先提出上诉请求，后阐明上诉理由；也可先阐明上诉理由，后提出上诉请求，根据实际情况决定。

（1）上诉请求。请求内容主要写明上诉人不服原审裁判，要求二审人民法院撤销、变更原审请求，重新审判。

（2）事实和理由。上诉理由是论证上诉人的上诉请求，主要从以下几方面考虑。

一是认定事实方面。如果一审判决认定事实有错误或出入，或遗漏了重要事实，或缺乏证据，做出的判决不可能正确。二是定性和使用法律方面。不论行政还是民事案件，对事实的定性错了，判决不可能正确。

三是使用法律方面。一审判决适用的法律错了，判决就会有偏差。

四是审判程序方面。一审法院在审判活动中有不合诉讼法规定之处，可能影响案件的公正裁判。

总之，要实事求是，不服哪些方面就针对它提出上诉理由，在反驳过程中注意正面说理，阐明理由和法律依据。

4.尾部。主要写明上诉主送机关、上诉人姓名及具体日期。如系律师代书，写明律师的单位、姓名。附项写明上诉状副本份数和物证或书证的名称、件数。

三、注意事项

1.上诉状一定要在法定期限内制作完成并上交人民法院。

2.上诉状一定要有明确的上诉目的。如果是部分上诉，应具体指明对原判决（或裁定）的哪部分上诉。

3.上诉状应对原审判文书中遗漏的重要事实予以补充，不要对一审认定的事实进行详细重述。

4.上诉理由要有针对性，既可以对一审裁判进行综合归纳，然后集中反驳，也可一个问题接一个问题地反驳，不管采用什么方法都要有的放矢。

任务五　申诉状

一、申诉状的概念

申诉状是当事人及其法定代理人、被害人及其家属，对已经发生法律效力的人民法院判决、裁定认为有错误，向人民法院或人民检察院提出申请复查纠正的书状。

申诉状一方面可以及时纠正司法错误，监督司法机关的工作；另一方面，有利于维护当事人的合法权益。

劳动争议仲裁申诉书

申诉人：××，男，××××年×月×日出生

身份证号：××；电话：××

被诉人：××市××有限公司

地址：××

法定代表人：××；电话：××

仲裁请求：

一、裁决被诉人向申诉人支付2018年1月7日至2018年9月7日未签订书面劳动合同的双倍工资差额22400元。

二、裁决被诉人向申诉人支付2018年1月至2018年8月期间申诉

人垫付的社保费2052.84元。

三、裁决被诉人向申诉人支付非法解除劳动合同的赔偿金5600元。

四、裁决被诉人向申诉人支付2018年7月至9月7日克扣及拖欠的工资4883.68元，支付25%的经济补偿金1220.92元。

事实与理由：

申诉人于2017年12月7日入职，担任商场部销售员，月工资2800元（基本工资2500元+300元车补）。2018年7月，被诉人将申诉人调入团购部。2018年9月7日，被诉人将申诉人辞退。申诉人认为，被诉人存在以下违法情形。

一、申诉人入职后，被诉人一直未与申诉人签订书面劳动合同。被诉人于2018年8月拟与申诉人补签劳动合同，但申诉人签名后，被诉人并未向申诉人提供其签章的劳动合同。根据《中华人民共和国劳动合同法》第82条，被诉人应支付未签订书面劳动合同的双倍工资22400元（2800元×8个月）。

二、申诉人在职期间，被诉人一直未为申诉人缴纳社保，申诉人被迫通过另一家公司自费缴纳社保，其中由单位承担的社保费共计2052.84元，该社保费应由被诉人向申诉人返还。

三、2018年9月7日，被诉人在没有任何事实依据的情况下，以申诉人违反公司制度为由非法辞退申诉人。根据《中华人民共和国劳动合同法》第87条，被诉人应向申诉人支付非法解除劳动合同的赔偿金5600元（2800元×2个月）。

四、申诉人2018年7月的工资，被诉人仅支付1360元。被诉人辞退申诉人时，也未结清申诉人2018年8月至9月7日的工资，以上克扣及拖欠的工资共计4883.68元（7月拖欠工资为2800−1360=1440元，8月拖欠工资2800元，9月拖欠工资为2800÷21.75×5=643.68元），同时，被诉人应依法支付拖欠工资25%的经济补偿金1220.92元。

因此，申诉人特向贵委提起仲裁，恳请贵委依法维护申诉人的合法权益。

此致

××市××区劳动争议仲裁委员会

申诉人：××

日期：2018年×月×日

这是一份关于劳动合同发生纠纷的劳动仲裁申诉状。申诉人充分运用事实，依据有关法律法规，对被申诉人的未付工资等提起申诉。

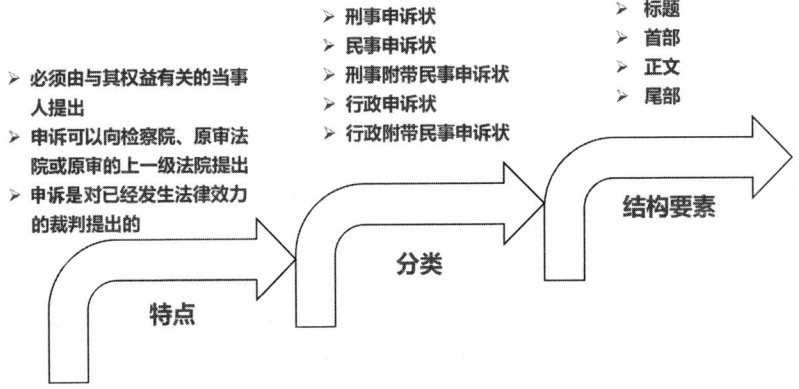

二、申诉状的特点、分类与结构要素

（一）特点

1. 申诉状必须由与其权益有关的当事人提出。

2. 申诉可以向检察院、原审法院或原审的上一级法院提出，要注意的是，民事案件的申诉不能向检察院提出。

3. 申诉是对已经发生法律效力的裁判提出的。

（二）分类

申诉状分为刑事申诉状、民事申诉状、刑事附带民事申诉状、行政申诉状、行政附带民事申诉状。

（三）结构要素

1. 标题。开头居中写明民事申诉状、行政申诉状或刑事申诉状。

2. 首部。写明当事人的基本情况，申诉人基本情况与其他诉状相同。应注意，刑事自诉案与民事案件的当事人申诉应列出被申诉人的情况，刑事公诉案与行政申诉一般只写申诉人，不写被申诉人。

3. 正文。

（1）案由。不服原裁判的事由，其语言一般固定为"申诉人因××（案由），不服××人民法院××××年×月×日第×号×事判决（裁定），现提出申诉，申诉的请求和理由如下：……"

（2）申诉请求。用简洁的语言说明原来处理有何错误或不当之处，提出要解决的问题。

（3）申诉理由。主要抓住原来处理不当之处，具体说明原判决书、裁定书认定的事实有误，还是适用法律有误，或法律程序不当，要进行具体分析，提出相应的观点，注意举证。

4. 尾部。与其他诉状写法相同。

项目七
商务公文

☆ **学 习 目 标** ☆

能够了解商务公文的概念、性质、特点、作用和分类；明确意向书的写作方法；熟知任命书与解聘书的书写要求；掌握招标书与投标书的具体应用；具备拟定合同、验看合同的能力。

☆ **关 键 词** ☆

意向书／任命书／解聘书／招标书／投标书／合同

商务公文是商业事务中的公务文书，是企业在生产经营管理活动中产生的，按照严格、既定的生效程序和规范格式制定的具有传递信息和记录作用的载体。它是企业经营运作的信息载体，是贯彻企业执行力的重要保障性因素。

任务一　意向书

一、意向书的概念

意向书是表示缔结协议的意向，并经另一方同意的文书。这种文书旨在表明一种意向，不是正式的协议。它为进一步正式签订协议奠定基础，是协议书或合同的先导，多用于经济技术合作领域。

合作意向书

甲方：_____（以下简称甲方）

公司地址：_____

联系电话：_____　传真：_____

邮编：_____

乙方：_____（以下简称乙方）

公司地址：_____

联系电话：_____ 传真：_____

邮编：_____

甲、乙双方经友好、坦诚协商，就甲方的××建设项目投融资合作事宜，达成共识如下。

一、公司名称：_____（暂定）

二、公司注册地址：_____

三、项目总投资_____万元，注册资本_____万元。

甲方投资_____万元，乙方投资_____万元。

四、甲方建设项目须提供的投融资总额约为_____万元。

五、甲、乙双方拟共同成立合作公司，乙方拟以现汇作为合作条件；甲方拟以项目的土地、固定资产和未来收益作为合作条件。乙方提供的建设资金分批进入中外合作公司的外汇账户，使用期为15年，前3年为建设期，建设期内免本息。从第4年年底开始，甲方每年按12%的保底利润支付乙方红利，连续12年，到期不再还本息。

六、为使乙方提供的资金安全进入和汇出，双方成立"中外合作公司"，设立"外汇账户"。

七、乙方负责提供申办合作公司所需的有关证明材料，甲方负责在当地办理申报、立项、注册等一切相关手续。双方保证提供给对方的材料是完整的、真实的、有效的。

八、甲方企事业用于抵押的企业资产及建设项目，须根据《中华人民共和国担保法》规定，以××项目担保，作为与乙方的引资条件。若由于任何不确定因素造成不能按时将利润支付给乙方的，乙方有权接管合作项目的经营权，直至收回投资后方可将项目的经营权归还甲方。

九、甲方建设项目的未来收益，须按《中华人民共和国合资合作法》规定由双方认可的评估机构进行分析评定和投资风险估算，作为乙方风险投资的依据。

十、中外合作公司成立后，乙方不参与今后合作公司的一切经营活动，也不承担合作公司的所有法律与经济责任，只负责提供资金的监督、使用和调配。合作期满后，乙方无条件退出，合作公司及全部项目归甲方所有。

十一、甲、乙双方在引资合作过程中产生的有关前期所有费用，境内部分由甲方垫付，境外部分由乙方承担。

十二、本合作意向书由双方代表签字后确认。

十三、本合作意向书一式二份，双方各执一份。未尽事宜，双方另行协商。

甲　方：_____　　　乙　方：_____
日　期：_____　　　日　期：_____

意向书的主要作用是传达意向，提请对方注意或供参考，可以约束双方的行动，保证双方的利益，并反映业务工作关系，保证业务朝着健康有利的方向发展。

二、意向书的特点、分类与结构要素

（一）特点

1.协商性。意向书多用商量语气，不带任何强制性，有时还用假设、询问的语气。

2.灵活性。主要体现在两个方面：一是可以改变自己的主张。意向书发出后，对方如有更好的意见可以直接采纳，部分改变或全盘改变都是可能的；二是意向书里可以提出多种方案供对方选择，或者对某项、某款同时提出几种意见或调查，让对方比较和选择。

3.临时性。是协商过程中对各方基本观点的记录，一旦达成正式协议，便完成意向性的使命，不像协议、合同那样具有法律效力。

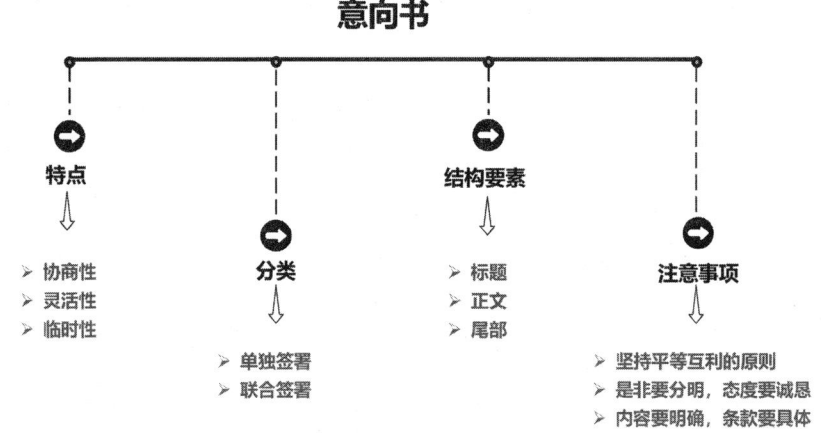

（二）分类

意向书的签署方式比较随便，通常有两种方式。

1.单独签署。只由出具意向书的一方签署，但文件一式两份，由合作的另一方在其副本上签章认可，交还对方就算签署完成。

2.联合签署。虽然它只是一种意向表达，但仍然保持协议的形式，也就是在书面上出具合作双方的职衔及代表人姓名，由双方分别签署，各执一份为凭。

（三）结构要素

意向书的结构是标题＋正文＋尾部。

1.标题。通常为项目名称＋文种，文种即"意向书"。

2.正文。由导语＋主体＋结尾构成。

（1）导语。写明合作各方当事人单位的全称、双方接触的简要情况、磋商后达成的意向性意见，然后用"本着××原则，兴建××项目"结束导语。

（2）主体。分条款写明达成的意向性意见，可参照合同或协议的条款排列。

（3）结尾。写明"未尽事宜，在签订正式合同或协议书时再予以补充"一语，以留有余地。

3. 尾部。意向书签订各方单位的名称、代表人姓名，并加盖公章、私章及日期。

三、注意事项

1. 坚持平等互利的原则，一视同仁，平等对待；既不迁就对方，也不把自己的要求无原则地强加给对方。

2. 是非分明，态度诚恳，礼貌客气。

3. 内容明确，条款具体，用词准确，不能含混不清、模棱两可。

任务二　任命书的写作

一、任命书的概念

任命书即为让某人担任某一职务的证书，与聘任书类似但稍有不同，在此不对聘任书另做详解。

任命书

为适应新形势下公司战略发展的需要,经公司执行董事决定,对以下同志进行新的人事任命,现予以公布,具体任命如下。

一、任命×××同志为技术副总,全面负责公司的新品研发和技术服务工作,主持技术部门的日常工作,执行和监督由执行董事下发的各项工作任务。

二、任命×××同志为市场部总经理,全面负责公司的品牌建设、企宣制作、网络信息系统搭建,主持市场部门的日常工作,执行和监督由执行董事下发的各项工作任务。

以上任命决定自发布之日起即开始执行,职务调整后,薪资相应调整。

特此通告。

签发:

日期:

抄送:股东、监事

存档:行政部

二、任命书的特点、分类与结构要素

(一)特点

1.严肃性和规范性。任命书是劳动力需求方对劳动者进行选择后,决定对其正式任命时形成的具有法律效力的文书。任命书一旦发出,双方都将承担特定的法律责任,不到期满,任何一方都不得随意中止任用关系,除非有特殊原因才能以除名或辞职的方式中止这种关系。有些任命书还要写明受任命者的工作内容和工作目标,作为受任命者是否完成工作任务的标准。因此,任命书的制作和发送是非常严肃的事情,要合法、规范、明确。

2. 凭据性。任命书是受任命者上岗工作的凭证,也是受任命者保护自己工作权利的依据。它是用人单位衡量受任命人员是否履行职责、完成任务的依据,对双方来说,任命书都有重要的凭据作用。如果双方发生纠纷,需要劳动仲裁部门或法律部门解决,任命书是依法解决的重要证据。

3. 规定的期限性。任命书要写明任用期限,长期任命书可以是一年或数年,临时工作任命书到临时工作结束时自动终止。兼职工作比较灵活,特别是一些名誉性的兼职,有可能长时间有效,没有明确的时间期限。

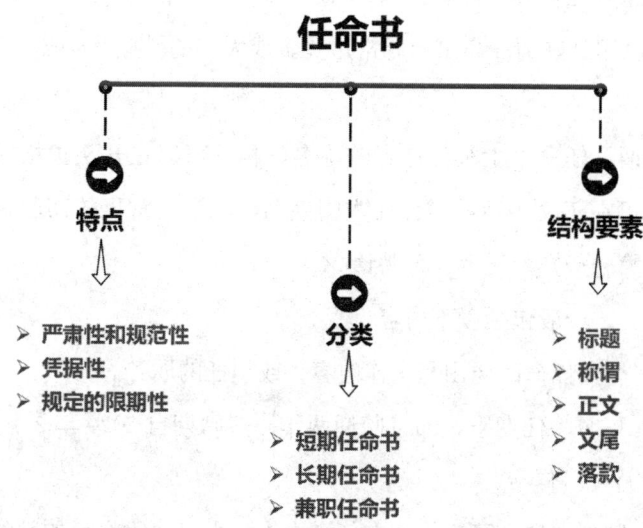

（二）分类

1. 短期任命书。一般是指任命人员担任某一临时性工作使用的任命书。例如,一年一度的高考评卷工作,一年数次的高等教育自学考试评卷工作，对参与评卷的人员有严格要求。有关管理人员审定参与者的资格后，要给参与者发送任命书，没有得到任命书的人无权参与评卷。各单位类似的临时性工作颇多，制发这种任命书的情况很常见。

2. 长期任命书。现在多数单位实行聘任制，每年对工作人员实施聘用和任命程序。一般任命期为一年，期满后，根据其贡献大小、表现情况决定下年度是否继续任用。为保证工作人员的稳定性，多数工作人员会得到单位的继续任用。这样的常规任命书属于长期制，各单位每年都会大量制发。

3. 兼职任命书。聘请其他单位的人到本单位兼任长期或短期工作使用的任命书，就是兼职任命书，这种任命书通常不在行文中特意申明工作的性质是兼职。

（三）结构要素

1. 标题。往往在正中写上"聘书"或"任命书"字样，有的也可不写标题。已印制好的任命书标题常用烫金或大写的"聘书"或"任命书"字样组成。

2. 称谓。任命书上被任命者的姓名、称呼可以在开头顶格写，再加冒号；也可在正文中写明被任命人的姓名、称呼。常见的印制好的任命书大都在第一行空两格写"兹聘请××任……"

3. 正文。一般包括以下内容。

（1）交代任命的原因和工作内容，或担任的职务。

（2）写明聘任期限，如"聘期两年""聘期自 2020 年 2 月 20 日至 2021 年 2 月 20 日"。

（3）聘任待遇。可直接写在任命书上，也可另附详尽的聘约或公函写明具体待遇，视情况而定。

（4）写上对被任命人的希望。一般写在任命书上，也可不写，通过其他途径使被任命人切实明白自己的职责。

4.结尾。一般写上表示敬意和祝颂的结束用语,如"此致——敬礼"等。

5.落款。署上发文单位名称或单位领导的姓名、职务,署上发文日期,加盖公章。

任务三　解聘书的写作

一、解聘书的概念

解聘书是指聘用单位在聘请书还没有到期,由于各种原因中途解约而发给受聘者的一种实用文书。

解聘书

甲方(药品经营企业):_____

注册地址:_____

法定代表人(负责人):_____

乙方(药学技术人员):_____

性别:_____

年龄:_____

籍贯:_____

职称/资格:_____

身份证号码:_____

乙方自 _____ 年 _____ 月至 _____ 年 _____ 月于甲方担任 _____ 职务，现因 _____ 原因，甲方与乙方解除劳动聘用关系，签订本解聘协议书，自 _____ 年 _____ 月 _____ 日起生效。

甲方法定代表人（负责人）签字：

（企业公章）

_____ 年 _____ 月 _____ 日

乙方签字：

_____ 年 _____ 月 _____ 日

备注：

1. 本解聘协议书签订不得违反《中华人民共和国劳动法》及相关法律法规，否则无效。

2. 依据《中华人民共和国劳动法》第 31 条，劳动者解除劳动合同应当提前 30 日以书面形式通知用人单位。

二、解聘书的特点与结构要素

（一）特点

1. 解聘书是用人部门为了维护自身利益采取的保护性手段。实行聘任制的目的，在于选拔优秀人才促进本组织更好地发展。因此，当发现受聘人员在"德""能""勤""绩"诸方面不符合应聘要求时，应该果断地予以解聘，以避免或挽回各种损失，维护组织利益。这是写作和使用解聘书的基本出发点。

2. 解聘书具有强制接受性。聘任书下达前，一般必须在明确双方权利、义务和利益的前提下，征得当事人的同意。解聘书作为维护组织利益的一种手段，下达前不需要与当事人打招呼，也不必考虑当事人的意愿，完全由社会组织单方面做出提前终止决定，然后下达给当事人，当事人一般只能被动接受。

3. 解聘书具有明确的针对性。解聘书只适用于获得聘书的人员，对那些未受聘书的工作人员，不适用以解聘书的形式终止劳务关系。

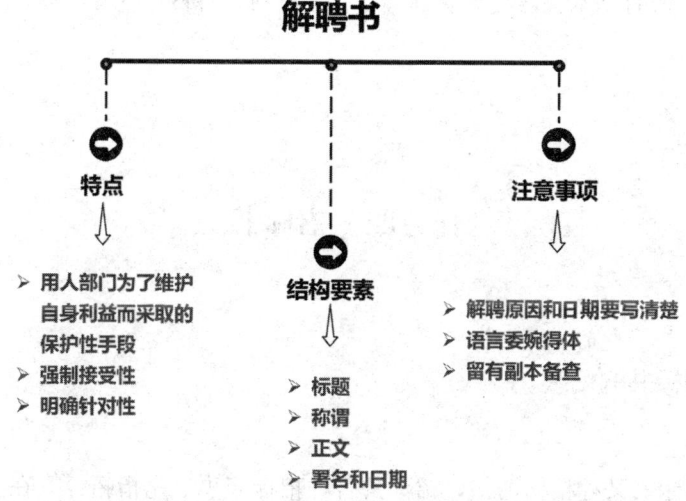

（二）结构要素

1. 标题。在第一行的中间写"解聘书"三个字。

2. 称谓。转行顶格写被解聘者的姓名。

3. 正文。在称谓的下一行空两格写正文内容。

（1）对被解聘者在职期间所做的工作或表现做实事求是的评估。

（2）说明解聘原因、解聘日期，要求被解聘者做好工作移交、所借公款和公物的退还等。

（3）对被解聘者表示应有的关心和祝愿。

4. 署名和日期。正文右下方写解聘单位名称并加盖公章，署名下面写具体的年、月、日。

三、注意事项

1. 把解聘的原因和日期写清楚。

2. 陈述解聘原因和对被解聘者提出要求时，语言委婉得体，使被解聘者易于理解和接受。

3. 留有副本，详细写明解聘的有关事项以备日后查考。

任务四　招标书

一、招标书的概念

招标书又称招标通知、招标公告、招标启事，是指招标人在招标过程中介绍情况、指导工作，履行一定程序时使用的一种告示性文书，包括招标项目、对投标方的要求和条件等内容。

××市惠民长丰农业专业合作社无公害蔬菜示范基地建设项目招标公告

××筑营工程造价咨询有限公司受××市惠民长丰农业专业合作社的委托，对其无公害蔬菜示范基地建设项目施工进行公开招标，现诚邀愿意承担该项目工程的潜在投标人前来报名。

一、工程概况

1. 项目名称：××惠民长丰无公害蔬菜示范基地建设项目。

2. 招标编号：ZYGC-20190850。

3. 项目地点：××镇朱庄村。

4. 建设内容与规模：田间路19900平方米，绿化8580平方米，排水设施6830米，温室滴灌管线66000米及农机设备3台。

5. 招标单位：××市惠民长丰农业专业合作社。

6. 招标方式：公开。

7. 资金来源：财政资金。

8. 资格审查方式：有效投标单位超过7家须资格预审，不足7家时可采用资格后审。

二、投标人能力和资质要求

1. 具备独立法人资格。

2. 具备行政主管部门颁发的有效营业执照、资质证书、安全生产许可证、组织机构代码证、税务登记证等证书。

3. 具有同类工程施工业绩和经验，无重大质量、安全事故；具有实施本工程项目施工所要求的专业人员、技术力量和机械设备。

4. 具有良好的企业信誉和财务能力，有足够的资金保证本项目的实施。

5. 具有市政公用工程施工总承包三级（含）以上资质。

6. 项目经理具备市政公用工程专业二级注册建造师或市政公用工程专业二级建造师临时执业证书及安全考核合格证书（安全B本）。

三、投标报名

1. 报名时间：××××年6月23—27日（上午9：30—11：30；下午14：00—16：00）。

2. 报名地点：××区××号××室。

3. 报名条件：潜在投标人报名时应携带营业执照副本、资质证书副本、安全生产许可证、组织机构代码证、税务登记证、项目经理注册证及安全B本等证书，以及授权委托书、法定代表人（或委托代理人）身份证以供审查（以上证书均须携带原件，同时提供复印件并加盖公章）。

4.外地进京建造业企业还应携带《××市建筑业企业档案管理手册》原件及复印件并加盖公章。

5.本工程不接受联合体报名。

6.施工招标文件每套收取成本费人民币500元、图纸2000元。售后不退，过时不售。

四、联系方式

招标人：××市惠民长丰农业专业合作社

招标代理机构：××筑营工程造价咨询有限公司

联系人：×××

联系电话：××××

这是一份以公开招标方式公布的招标书，在招标项目中对工程概况、投标人能力和资质要求、报名细节等做了明确交代，体现出招标项目的专业性。

二、招标书的特点、分类与结构要素

（一）特点

招标书写作，要求的严肃性决定了这一经济公文的独特性。

1.内容的严谨性。招标书是签订合同的主要依据，受相应法律制约，一定要注意内容选择、条款制定及语言运用方面的严谨。

2.篇幅的简短性。招标目的十分明确，招标书只要将主要事项交代清楚即可，不必拐弯抹角、长篇大论。

3. 语气的诚恳性。贸易活动双方应是平等的，对于主动发出招标的买方，更应在招标书的措辞语气上表现出诚恳与谦恭的态度，但要避免低声下气。

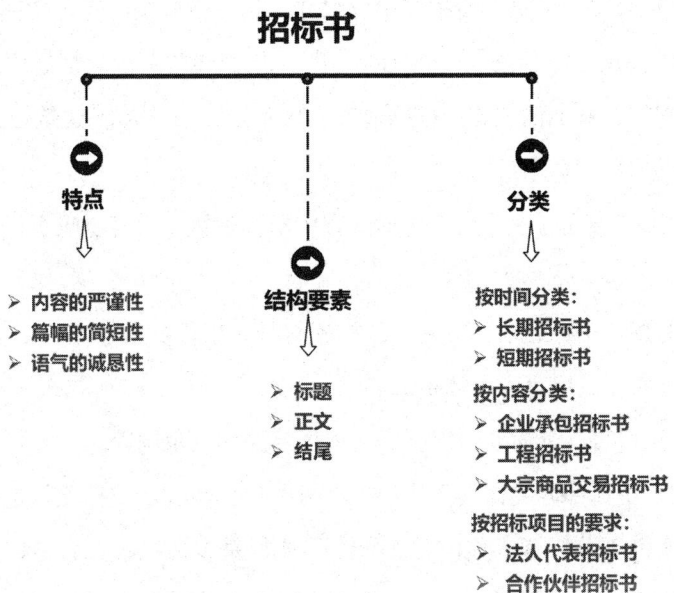

（二）分类

1. 按时间，分为长期招标书（3~5年以上）和短期招标书。

2. 按内容，分为企业承包招标书、工程招标书、大宗商品交易招标书三种。

3. 按招标项目要求，分为：①法人代表招标书。这是指各企事业单位为改善单位发展现状，提高经济效益和管理水平，通过招标方式吸引优秀人才作为法人代表的招标书。人才招标书主要涉及投标人所需的条件、任期以及中标后的权利义务等。②合作伙伴招标书。这是指国家机关或企事业单位为达到一定经济目的，在经济活动中寻求条件较好的合作伙伴使用的招标书，包括招标项目、交易条件等，专业性较强。

(三)结构要素

招标书一般由标题、正文、结尾三部分组成。

1. 标题。

(1)公文式写法。由招标单位名称、招标性质及内容、文种构成,文种可以使用"招标书""招标公告""招标通告"等。标题中只有文种是必需的,其他两项均可根据情况省略不写,如"××建筑公司××工程建设项目招标书"。

(2)广告式写法。用广告形式宣传招标项目和内容以吸引投标人,如"谁来承包××××工厂"。

有的招标书标题左下方还标注招标编号、银行贷款号等。

2. 正文。由引言、主体组成。

(1)引言部分简要写出招标的依据、原因、范围等。

(2)主体部分要详细交代招标项目和招标步骤。招标项目是招标书主要说明的部分,其具体内容如下。①项目基本情况,如名称、质量、数量、价款等。②对投标方的条件要求。如果是工程招标,需要说明工程规模、技术指标;如果是商品招标,须重点说明质量、规格等。③招标步骤。即对招标工作的安排,包括招标的起止时间;招标文件的发送时间、地点、方式、价格;开标时间和地点。

3. 结尾。写清招标单位的名称、地址、联系人、电话等,以便投标方参与。

任务五　投标书

一、投标书的概念

投标书是专门针对招标书的回答。它是投标者根据招标书中提出的条件和要求,根据自身条件制定的表达投标意向并向招标方发送的书面材料。

投标函

授权 _____ (职务、名称)为全权代表,参加贵方组织的招标活动。为此:

1. 提供投标文件正本1份、副本2份。

2. 投标项目的总投标价为(大写)_____(人民币)。

3. 保证遵守招标文件中的有关规定和收费标准。

4. 保证忠实地执行双方所签的经济合同,并承担合同规定的责任义务。

5. 愿意向贵方提供任何与该项目投标有关的数据、情况和技术资料,完全理解不一定要接受最低价格的投标或收到的任何投标。

6. 投标人已详细审查全部招标文件,包括修改文件(如需修改)以及全部参考资料和有关附件,完全理解并同意放弃对这方面有不明及误解的权利。

7. 其投标自开标日期的有效期为_____。

8.如果在规定的开标日期后投标人在投标有效期内撤回投标,投标保证金将被贵方没收。

9.与本投标有关的一切正式往来通讯请寄:

地址:

邮编:

电话:

传真:

投标人代表姓名、职务:

投标人名称(公章):

日期: 年 月 日

全权代表签字:

投标总报价表

项目名称:_____

招标编号:_____

模块	功能/内容	金额

总体项目报价(人民币):

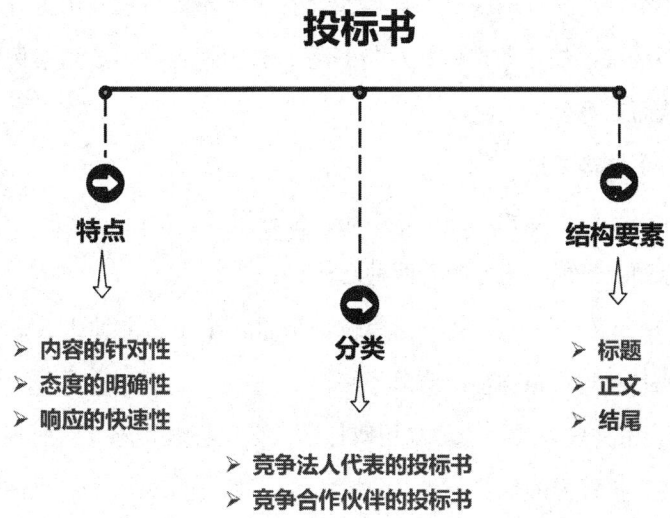

二、投标书的特点、分类与结构要素

（一）特点

1. 内容的针对性。由于招标与投标的唯一相对性，投标书应在招标书要求的范围内展开，写作时与招标书要求无关的内容毋庸多言。

2. 态度的明确性。投标方的合作态度必须明朗，不可含糊其词，否则会使自己失去竞争力。

3. 响应的快速性。招标书发出后通常会引来众多投标者，为达到中标目的，必须在招标书规定的时间迅速做出投标反应。

（二）分类

投标书的分类与招标书基本相同，按招标要求分为竞争法人代表的投标书和竞争合作伙伴的投标书。两种投标书，必须针对招标书提出的具体条件将自身优势表现出来，以达到中标目的，但又各有侧重。

1. 竞争法人代表的投标书。其重点是按招标需要制定自身的经营方法和目标，深入分析其在现实中的可行性，以期得到招标者的认可。

2.竞争合作伙伴的投标书。其重点在于应招标需求展示自身具备的实力,如经济、技术条件、管理特长等,有的还列举出成功案例增加可信度,从而在竞争中获胜。

(三)结构要素

投标书一般由标题、正文、结尾三部分组成。

1.标题。投标书的标题有两种写法。

(1)公文式写法。由投标单位、项目、事由和文种组成,除文种外,其他各项均可根据情况省略不写。

(2)论文式写法。一般采用双标题,分主标题和副标题两部分。主标题要突出投标方的优势,增强中标的可能性,如"有实力,讲信誉——我的投标书"。

2.正文。包括称呼、前言、主体。

(1)称呼,即招标单位的名称,位于前言左上方顶格书写。

(2)前言,简要交代投标目的和依据,点明投标的项目和内容。

(3)主体,主要分析现状,确定投标期限及投标形式;充分提供依据,制定具体标的、经营措施,提出配合与支持的请求。

由于投标项目不同,具体交代的事项也有所区别,写作时应具体问题具体分析,不要一概而论。

3.结尾。签署投标单位及法人代表名称或姓名,写明日期。

任务六 合同

一、合同的概念

《中华人民共和国合同法》（以下简称《合同法》）第二条将合同定义为："合同是平等主体的自然人、法人、其他经济组织之间设立、变更、终止民事权利义务关系的协议。"所谓自然人，即指公民；法人是指拥有民事权利能力和民事行为能力，依法独立享有民事权利和承担民事义务的组织，如具备以上资格的机关、企事业单位、社会团体等。

订立合同一般是为了实现一定的经济目的，被广泛应用于经济活动领域的生产、分配、经营、消费、管理等环节，是保证市场经济体制下经济活动正常秩序、保护合同当事人合法权益的必要方法。

童装买卖合同

合同编号：××××

××童装百货有限公司（以下简称甲方）：

××服装有限公司（以下简称乙方）：

据《合同法》之规定，双方就买卖童装事宜订立本合同，条款如下。

一、买卖标的："华童牌"男女套头秋衫各3000件。

样式	规格	单价（元）	数量（件）	总价（元）
男装套头衫	55厘米	25	1000	25000

	60厘米	35	1000	35000
	65厘米	40	1000	40000
女童套头衫	55厘米	20	1000	20000
	60厘米	30	1000	30000
	65厘米	40	1000	40000
总计	拾玖万元整（190000元）			

二、送货地点和方式：甲方一号仓库，货物一次性交清。

三、付款方式：交货时，甲方一次性支付给乙方。

四、交货日期：××××年12月5日。

五、运输费用：由甲方支付。

六、验收方式：甲方代表或其指定人员，收到服装后应当场即时验收。

七、对服装提出异议的时间和办法

1.甲方在验收中发现服装规格、样式和质量不合规定，应在5天内向乙方提出书面异议，否则乙方将不承担任何责任。

2.乙方接到甲方书面异议后，应在10天内（另有规定或当事人另行商定期限者除外）负责处理，否则即视为默认甲方提出的异议和处理意见。

八、乙方的违约责任

1.乙方不能按时交货，应向甲方偿付不能交货部分货款2%的违约金。

2.乙方所交服装规格、样式、质量不符合规定的，如果甲方同意接收，应当按质论价；如果甲方不能接收的，应根据服装的具体情况，由乙方负责包换并承担因调换或退货支付的实际费用。

3.乙方逾期交货的，应比照中国人民银行有关延期付款的规定，按逾期交货部分货款计算，向甲方偿付逾期交货的违约金，并承担甲方因此所受的损失费用。

4.服装错发到货地点或接货人的,乙方除应负责运交合同规定的到货地点或接货人外,还应承担甲方因此多支付的一切实际费用和逾期交货的违约金。

九、甲方的违约责任

1.甲方中途退货,应向乙方偿付退货部分货款3%的违约金。

2.甲方自提产品的,未按供方通知的日期或合同规定的日期提货,应比照中国人民银行有关延期付款的规定,按逾期提货部分货款总值计算,向乙方偿付逾期提货的违约金,承担乙方实际支付的代为保管的费用。

3.甲方逾期付款的,应按中国人民银行有关延期付款的规定向乙方偿付逾期付款的违约金。

4.甲方违反合同规定拒绝接货的,应当承担由此造成的损失和运输部门的罚款。

5.甲方如错填到货地点或接货人,或对乙方提出错误异议,应承担乙方因此所受的损失。

十、不可抗力

甲、乙双方的任何一方由于不可抗力因素不能履行合同时,应及时向对方通报不能履行或不能完全履行的理由,以减轻可能给对方造成的损失。取得有关机构证明以后,允许延期履行、部分履行或者不履行合同,根据情况可部分或全部免予承担违约责任。

十一、其他

1.按本合同规定应该偿付的违约金、保管费和各种经济损失的,应当在明确责任后10天内,按银行规定的结算办法付清,否则按逾期付款处理,但任何一方不得自行以扣押货物或扣押预付货款来充抵。

2.本合同如发生纠纷,当事人双方应当及时协商解决。协商不成时,任何一方均可请业务主管机关调解或者向仲裁委员会申请仲裁，也可直接向人民法院起诉。

3.本合同自签订之日起生效，合同执行期内，甲、乙双方均不得随意变更或解除合同。合同如有未尽事宜，须经双方共同协商做出补充规定，补充规定与合同具有同等效力。本合同正本一式两份，甲、乙双方各执一份为凭。

买方（甲方）：××童装百货有限公司	卖方（乙方）：××服装有限公司
公司地址：××市东运路35号	公司地址：××市乡横路9号
代表人：徐××	代表人：杨××
营业执照号码：×××××	营业执照号码：××××××
××××年9月7日	××××9月7日

这份童装买卖合同的书写十分规范。其中，标的部分用表格列出，内容清晰，货款金额大小写俱全；合同对交货、付款、违约责任的各细节给予详细规定，有效地避免日后可能因措辞不当造成的合同纠纷。另外，各条规定考虑到双方的平等权利和义务，体现合同的对等性特点。

二、合同的特点、分类与结构要素

（一）特点

1.合法性。即合同订立必须遵守相关法律法规，依法签订的合同才能得到法律保护。合法性主要是指订立合同当事人的合法性、订立合同程序的合法性、合同内容的合法性三个方面。

2.对等性。即合同当事人享有平等的权利，双方行为以平等互利为根本原则，既从对方获取利益又向对方付出相应报酬。合同中的所有条款必须协商一致，不得在任何一方不同意的情况下强行制定。

3. 约束性。合同一经确立，便产生严格的法律效力。对合同当事人来说，必须全面履行合同规定的义务，未经其他当事人同意，一方如有违背或单方面终止合同都要担负法律责任，即违约责任；对当事人以外的单位或个人来说，不得做出侵犯他人合同的违法行为。

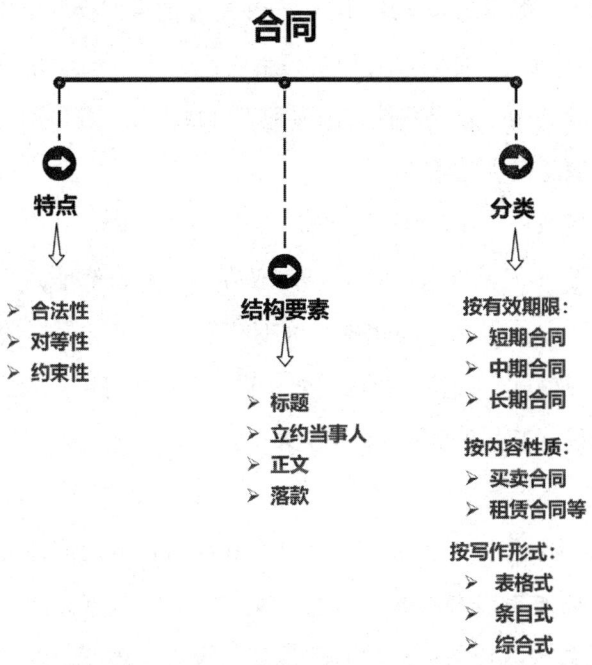

（二）分类

按照我国合同法的规定，除即时结清的合同外，其他合同必须采用书面形式。根据不同标准，合同有以下分类方式。

1. 按有效期限，分为短期合同、中期合同和长期合同。短期合同一般在3年以内，中期合同为3～5年，长期合同指5年以上的合同。

2. 按内容性质，合同共有15类，常见的如买卖合同、租赁合同、建设工程合同、赠予合同、委托合同等。

3. 按写作形式，有表格式、条款式、表格与条款结合的综合式三种。

表格式适用于内容较简单、涉及金额数目较少的合同，一般经济合同均采用条款式或综合式合同。

（三）结构要素

经济合同的写作格式比较固定，许多单位有固定的合同写作模板，表格式、条款式与综合式均包括标题、立约当事人、正文、落款四部分。

1. 标题。一般采用公文式写法。一个完整的合同标题由单位名称、合同有效期、事由、合同性质和文种组成，如"××公司2021年服装销售合同"。其中，除合同性质和文种不可缺少外，其他均可根据情况省略，如"房屋租赁合同"。

另外，标题右下方必须按规定写清合同编号。

2. 立约当事人。这是指订立合同双方的名称、地址，分行写出。便于文中称呼，通常在后面用括号注明"甲方""乙方"或"供方""需方"等，必须真实，以营业执照上的全称为准，不得用简称或其他不规范称呼。一般位于标题左下方、正文左上方。

3. 正文。

（1）前言。写具体条款之前，往往在前言部分说明订立合同的依据和目的，同时指出合同的合法性。如"为保护双方共同利益，根据《中华人民共和国合同法》的有关规定，经双方协商一致，签订合同如下……"

（2）主体。分别列出合同的每项条款，是经济合同最核心的内容。以下是主体部分包含的主要项目。

①标的，是经济活动中的具体目标，可以是货物、项目，也可以是劳务等。

②数量，是标的物的具体指标，如货物的规格、数量等，国家有统一规定的要按规定办，如无规定，则须双方当事人协商执行。涉及数字时必须按规定大写。

③质量，是标的物的具体特征和素质，如货物的质地、构造、等级、包装要求等，必须按规范标准执行。

④价款或报酬，是标的物的价值体现，如货物的价格和总金额、服务报酬等，除法律特殊规定外，都要用人民币来计算。

⑤履行期限、地点和方式。履行期限指立约双方交货、交款的时间和期限；地点指经济活动场所；方式指履行的方法和次数，如卖方送货还是买方提货、汽运还是水运、现金支付还是转账付款、一次履行还是分次履行等，各项目必须具体、明确，不可模棱两可。

⑥违约责任，是对立约方不履行合同条款的处罚措施，如违约金或赔偿金的规定等。违约责任应体现公平与公正：由于合同当事人某一方过错造成合同不能或不完全履行，过错方须承担责任；如双方均有过错，应共同负责，不应产生过于偏向任何一方的霸王条款。

⑦争议解决办法。这是指合同履行过程中发生争议，特别是出现无法协商处理的问题时，应采取何种解决方式，由哪些部门或机构仲裁，还是直接交由法院审判等在合同中均应说明。

以上项目在合同中缺一不可。另外，合同的有效期、份数、保存方式、附件等项目常置于合同的最后条款。

4. 落款。包括立约双方单位、代表人签章；合同有效期限；双方联系方式，包括地址、电话、银行账户等并列于正文下方。有的合同，还有公证机关意见、合同正副本件数等附加项目。

整个合同写作中，有两点需要注意：一是合同语言要明确、严密，不得使用含糊或歧义语句。经济活动中，相当一部分纠纷是合同语言歧义引起的，这些失误往往给一方或双方造成惨重的经济损失。二是合同版面整洁、清晰，未经双方协商一致，任何一方不得擅自涂改。

项目八
传播应用文

☆ **学 习 目 标** ☆

领会消息、通讯、解说词、演讲稿、讲话稿的概念、类型和必备知识;通过实际写作练习,重点掌握上述几类传播应用文书的内容与结构要素,提高写作应用能力。

☆ **关 键 词** ☆

消息／通讯／解说词／演讲稿／讲话稿

传播应用文是指人们在传播过程中使用的具有宣传、教育、鼓动等作用的应用文种。它既是报纸、广播、电视等大众传播媒介最常用的一种文体,也是一种重要的宣传工具。

任务一 消息

一、消息的概念

消息,就是狭义的新闻,是对新近发生、有新闻价值的事实进行及时报道。它是各种媒体最常用、最基本的新闻体裁,是其他新闻体裁产生和发展的基础。

消息是对事实的报道,一般由事件、时间、地点、人物、原因和结果六要素构成。这六个新闻要素,又被概括为5"W"1"H",即what(何事)、when(何时)、where(何地)、who(何人)、why(何因)和how(如何),国内新闻界习惯上称为"六何"。

3000名师生参加紧急疏散演习

本报讯10月22日(记者××) 为提高学校师生在发生突发事件时的应急能力,进一步增强广大师生消防意识和逃生知识。昨天下午,××中学组织高一、高二级师生举行紧急疏散演习。

下午5时,随着持续30秒钟之久响彻校园的警报声,该校师生紧急疏散演习拉开帷幕。听到警报声后，参加演习的3000多名学校师生双手抱在脑后，迅速从办公室和教室有序撤出快速向操场集中。政教处事先对教学楼的师生撤离路线进行了布置，大家在撤离过程中快速而不散乱，有关领导和教官在各条线路上进行疏散指导和检查，3000多名师生在短短的三分钟内全部安全到达应到地点，没有一点儿慌乱，一切都显得训练有素。

据了解，××中学高度重视学生的安全教育，在加强校园安全防范、培养学生危急时刻自救措施等方面进行了较为有效的探索和实践。

近年来，该校除了经常组织学生观看安全教育的电视片，请消防大队的官兵来校进行防火、灭火的演示，介绍灭火器的使用方法，利用班会和全校集会宣讲安全防范和安全意识的重要性外，每年还组织新生举行一至两次紧急疏散演习活动，增强广大学生安全防范意识。通过开展安全教育活动，使广大学生基本掌握紧急疏散的要领，达到了应有的效果。

从这则消息中，可以看到报道一个活动或事件的写作模式。主体部分用实际情况、细节描写等鲜活方式，展现了所有师生对安全撤离训练到位，表达了该校高度重视安全教育这一重大主题。

二、消息的特点、分类与结构要素

（一）特点

消息通常只报道事情概貌而不讲述详细的经过和细节，篇幅短小，语言精练，具有真实、及时、新鲜和简短四个特点。

1. 真实。真实是消息的生命与灵魂，是指消息不允许虚构，也不允许所谓的合理想象，报道的事实必须真实存在，人物、时间、地点、数字、事件细节等准确无误。

2. 及时。消息非常讲究时效性。有人说"新闻是易碎品""像容易变质的食物",所以要抢时间采访、写作,及时发表。很多新闻过了一定时间就会失去价值。

3. 新鲜。消息贵在新,才有新闻价值。一是从时间上看,消息报道的是新鲜、新近发生的事;二是从内容上看,消息报道的事实给人以新意、启发。

4. 简短。简短是消息区别于其他文体的主要标志,不单纯指字数少、篇幅短,更重要的是做到用笔简洁利落,内容集中精练。

（二）分类

按照不同的标准,消息可以分为若干类。从报道内容上,分为政治消息、社会消息、经济消息、体育消息、文教消息等;从报道对象上,分为人物消息、事件消息、会议消息等;从报道地域上,分为国际消息、国内消息、地方消息等。

按照通用的分类方法,根据结构和写作手法,可分为动态消息、综合消息、典型消息、述评消息等。

1. 动态消息。指迅速报道国内外动态的一种新闻文体,数量最多,一般篇幅不长,内容单一,文字简约。

2. 综合消息。指根据特定主题将相关情况综合起来宣传报道的一种新闻文体,涉及范围广、影响力强,实际上是对许多动态消息的综合。

3.典型消息。又称经验性消息,主要是通过报道一些典型的人物、事件、问题来总结经验,给读者以启发、教育和指导。

4.述评消息。又称新闻述评或记者述评,以夹叙夹议、边述边评的方式反映国内外重大事件和问题,是一种介于纯新闻与新闻评论的文体。

(三)结构要素

消息一般由标题、导语、主体、背景和结尾五部分组成。

从格式上说,正文起首处一般要写消息头(或叫"电头"),依次交代获得消息的来源(新闻机构、地点、作者)、时间,如《3·12又到,今年谁是植树小能手?××校争做第一名:六个年级48个班级同学齐上阵》的消息头为"本报武汉3月12日电(记者王××)"。

1.标题。标题是消息的眼睛,一则好的新闻首先要有好的题目。消息的标题一般有三种形式:一是完全的消息标题,主要是三行标题,由引题(又称眉题或肩题)、正题(又称主题或母题)、副题(又称辅题或子题)构成;二是双行标题,有时由引题和正题构成,有时由正题和副题构成;三是单行标题,即只有正题。消息通常只有正题。

例如:

双行题

3·12又到,今年谁是植树小能手——引题

××校争做第一名:六个年级48个班级同学齐上阵——正题

单行题

"三八节"成为男友或老公制造惊喜的时机——正题

2.导语。导语是消息的先导语言,通常是消息的第一句话或第一段,用简明的文字概述新闻最主要、最核心的事实和思想,揭示新闻主题,引起受众的兴趣和注意,并引导受众了解新闻的全部。新闻导语的写法

很多，常见的有以下两类。

（1）直接式导语，是一种最常用的导语形式，即导语中开门见山、简明扼要地突出表现最新鲜、最重要的事实，或最有个性特色、最具新闻价值的内容。它适用于时效性较强的事件性新闻，分为叙述式、总结式和评述式等。

（2）间接式导语，又称延缓式导语，是一种相对直接式导语的常用导语形式。它不直接叙述新闻事实，而是通过描绘场景、渲染气氛、解释概念、介绍背景、引用典故等方法，先做铺垫，间接体现新闻主题，再迂回舒展地引出新闻的核心事实或新闻主题，分为描写式、引用式、对比式、设问式等。

3. 主体。主体是消息的主要内容。导语中的问题，要靠主体来阐述和解答。另外，导语中未提到的次要材料，也要由主体来补充。主体是具体展示新闻内容、充分而有力体现新闻主题的核心部分。

消息主体的结构一般有三种形式：一是时序结构，即按照事件发生、发展的先后顺序安排层次；二是主次结构，即把最重要的内容放在前面，然后详细叙述；三是逻辑结构，根据事物之间的内在联系或逻辑关系组织层次，安排结构。

4. 背景。指新闻事件发生的历史环境和原因，它说明新闻事件发生的具体条件、性质和意义，是为充实新闻内容、烘托和突出主题服务的。背景是消息的辅助和衬托部分，一般穿插在主体中，有时也可出现在导语和结尾部分。消息的背景要写得简洁，不是每篇消息都要有背景。

消息中使用背景材料，常见的有三类：

（1）对比性材料。即对人物或事物进行今昔、正反的比照，以突出所报道事件的重要意义。

（2）说明性材料。即对与新闻事实相关的政治背景、地理环境、历史演变、思想状况、物质条件等进行介绍，说明事物产生的原因、条件和环境。

（3）诠释性材料。即对人物的出身、经历，产品的性能、特色，以及专用术语、技术性知识的解释等，用以帮助读者理解内容，增长知识。

5. 结尾。又称结语，是新闻的最后一句话或一段话，应是主体部分的自然延伸或归结，与导语相呼应，写作与一般记叙文的结尾并没有太大区别。其作用或收束全文，深化主题；或说明结果，指明意义；或指出发展趋势，展示未来。结尾有小结、评论、启发、号召、激励等方式。有的消息可以没有结尾。

三、注意事项

1. 以记叙为主，把事实的前因后果如实叙述出来，注重把握好新闻六要素。

2. 写好导语。导语位于消息的开头，是消息的窗口，是能否吸引受众阅读的关键。

3. 主体部分要分清主次，集中笔墨把主要事实交代清楚，篇幅简短，快速成文。时间性是构成新闻价值的重要因素之一，因此，能争分夺秒地写出独家新闻，是记者素质好、能力强的表现之一。

任务二　通讯

一、通讯的概念

通讯是一种常用于报纸、广播中,运用多种表现手法比较详细、深入报道真实的客观事物的新闻文体,能够更详细地报道具有新闻意义的事件、经验或典型人物。

在庄严的国歌声中,开学典礼拉开帷幕

××大学校长指出,××大学是一所文蕴深厚的学校,学校注重教师和学生人文素质的养成,努力使每个学生成为名副其实的文化人,成为有文化素养和文化气质的人;××大学是一所学风浓厚的学校,学校以"崇德、励志、博学、笃行"为校训,在强调以德为先、志向引领的同时,特别强调学习和实践,强调学无止境,强调行贵持恒与专注。他认为××大学又好又快地发展和师生不断取得的非凡业绩,根本上源于"坚守朴实、追求崇高"的精神。

校长强调,大学生应具备三种品质:"大"的品质,主要在于有大的视野、大的境界;"学"的品质,主要在于会学习、勤学习;"生"的品质,主要在于身心健康,具有旺盛的生命力,立足实践,养成强大的生存力,服务民众,成为先进的生产力。

校长希望同学们能够像国家教育规划纲要要求的那样:着力培养自身的执着信念,拥有优良品德、丰富知识、过硬本领;能够像"坚守朴实、追求崇高"精神倡导的那样：坚守忠信诚实的人生态度，坚守实事求是的科学精神，坚守务实笃行的学风，追求卓越的理想目标，追求一流的做事水平，追求崇高的为人境界。

校长还温馨提醒，秋天来了，希望同学们知冷暖，照顾好自己；离开家了，希望同学们能独立，管理好自己；上大学了，希望同学们明志向，发展好自己。

开学典礼上，政管学院××老师、物电学院××老师、文通学院××老师、经管学院××老师，分别作为教师代表发言；外语学院××、经管学院××、文通学院××、美术学院××，这几名学生分别作为新生代表发言。

这则通讯选材典型，还原了一所大学的开会典礼。通讯一经发表，立即在校刊和学校网站上引起热烈反响。

通讯

二、通讯的特点、分类与结构要素

（一）特点

通讯与消息都是新闻的主要文体，共同点是具有严格的真实性和及时性，但通讯更注重形象性和评论性。通讯与消息的区别主要表现如下。

1.外表形式。消息的开头常注明"本报讯"或电头之类，通讯则无。

2. 表现对象。消息侧重记事，通讯侧重写人。

3. 表现方法。消息要求概括性强，一事一报，简洁明快，以事动人，以叙述为主；通讯则要求具体性，形象性强，取材范围广，体裁容量大，要求完整地报道人和事，综合运用叙述、描写、抒情、议论、说明等方法。

4. 结构形式。消息的结构相对固定，基本为倒金字塔结构；通讯则灵活多变，根据对象和表达需要采取多种结构。

5. 人称上。消息多用第三人称；通讯可用第三人称，也可用第一人称。

6. 篇幅上。消息通常一事一稿，篇幅较短；通讯在一个主题下要从多方面表现，篇幅一般较长。

7. 时效上。消息要争分夺秒，时效性强；通讯则不像消息那样严格。同一题材要发表，往往先发消息，后发通讯。

（二）分类

1. 根据报道内容，通常把通讯分为以下几种基本类型。

（1）人物通讯。以写人物为主，或写人物的一生，或写人物的片段，要求记述人物的动人事迹，揭示人物的思想境界。人物通讯是通讯中最常见的一种。

（2）事件通讯。是对具有新闻价值的事件进行详细、完整的报道，它既可以是对新事物、新风尚的报道，也可以是对现实问题和重大事故的披露。事件通讯是比较常见的一种通讯。

（3）工作通讯。主要介绍工作经验或研究工作问题，要求通过剖析典型概括出具有规律性的内容来指导工作。它既可以正面报道工作经验，也可批评、揭露或者探讨新出现的问题。

（4）概貌通讯。又叫风貌通讯，主要是报道某一地区、部门、单位的自然风貌、风土人情、发展变化、生活状况或进行某活动的基本面貌，常见的有"纪行""巡礼""散记""侧记"等。

2. 按照形式，通讯分为一般记事通讯、访问记（专访、人物专访）、小故事、集纳、巡礼、纪实、见闻、特写、速写、侧记、散记、采访札记。

（三）结构要素

1. 标题。通讯的标题跟记叙文的标题比较接近，多数为单行式；有的有副标题，也只是交代报道对象和新闻来源。通讯的标题既可直接揭示新闻事实，也可曲笔达意。例如《百姓心中的丰碑——追记公安局长的楷模任长霞》，该标题直接叙述新闻人物，正标题虚写，点明任长霞在人们心目中的地位和影响。应该说，通讯的标题只要能够很好地表情达意，为主题服务，就允许大胆创新。

2. 开头。通讯的开头多姿多彩，不拘一格，最常见的有以下几种。

（1）直入式。指开门见山地直接叙述人物、事件，以尽快切入情节吸引受众。如《目击杨利伟飞天归来》的开头："今天清晨6时23分，中国首飞航天员杨利伟乘坐'神舟'五号载人飞船从太空归来，平稳着陆于内蒙古中部草原。"短短一句话，交代了新闻事件发生的时间、地点、人物、事件，直接、概括地切入新闻报道的正题。

（2）描写式。从新闻现场的环境氛围或人物的形象、行为入手，在交代相关人物事件的环境中展开对主体内容的详尽描述，在对人物形象或行为的刻画中为人物树立一个清晰的形象，给受众深刻的印象。

（3）引用式。通讯开头直接引用诗词典故、名人名言，不仅装点了通讯的艺术形式，更为主体叙写营造了有力的文化氛围。同时，也可直接引用新闻事件中的人物语言，包括口头语言和书面语言。这种语言要经典、简明，富有个性，饱含深意。

（4）介绍式。通讯的开头可以介绍新闻事件的缘起、结局或人物的生平、事迹等，使受众从总体上把握事件的思想内容或人物的身份品质，对主体展开起着总领和铺垫的作用。

（5）评议式。媒体针对新闻事件或人物本身的价值、意义、影响等做出客观公正的评价，给受众以情绪上的感染和思想上的启迪，为下文主体新闻事实的叙写定下基调。

3. 主体。主体是通讯的主干部分，是对事件或事实核心的报道。从通讯内容来看，叙述单一事实的，多采用纵式结构；叙述较为复杂的通讯，多采用横式或纵横结合式结构。

（1）纵式结构。即按单纯的时间发展顺序、事物发展顺序、作者对报道事物的认识发展顺序、采访的先后顺序等安排层次。其中，时间发展顺序、情节展开顺序、作者认识事物的顺序成为行文线索，要详略得当，布局巧妙，避免平铺直叙。

（2）横式结构。指用空间变换或按照事物性质安排材料。这种结构的概括面广，要注意不同空间的变换，恰当地安排通讯涉及的各问题。采用空间变换法组织结构时，要用地点变化组织段落；按事物性质安排结构时，要围绕主题并列写出不同的侧面。①空间并列式。围绕新闻事件体现的不同空间、领域内发生的动态事实或人物的行为活动安排材料。②性质并列式。围绕新闻主题，选择性质上互不隶属的事实材料，即按新闻事实各侧面的关系安排材料。③群相并列式。抓住新闻主题，通过不同人物及其事迹来组织材料，再现新闻价值。

（3）纵横结合式结构。它以时间顺序为经、空间变化为纬，把两者结合起来运用。此结构多用于事件复杂而时间、空间跨度广的通讯。

4. 结尾。应是言简意赅的收束之笔、耐人寻味的点睛之笔。较为常见的结尾技巧如下。

（1）评议式结尾。通常以总结性的句式点明新闻事件的主题思想，即卒章显志，符合人们认识事物从感性到理性、从现象到本质的思维规律。

(2) 引用式结尾。类似于通讯开头的引用法，也就是说，通讯结尾处同样可以引经据典，或直接引用新闻当事人的言词、观点。

(3) 展望式结尾。针对一些新闻事件的动态特点或是发展变化的不固定性，依据主体内容的现实基础做出富有前瞻性的预测、憧憬和展望。

(4) 补充式结尾。有时根据内容表达需要，把那些与主要事实材料相关但无须浓墨重彩的材料有意放在结尾，做必要的补充交代；有时为了突出新闻事实的动态性，有意将一些新闻事实留到最后显现，表面上是补上一笔，实则是为了强化人们对新闻事实的进一步关注。

三、注意事项

写好通讯，首先要做好采访，深入实地调查，掌握第一手资料。除此以外，还要注意下列几点。

1. 选好典型，开掘主题。典型是通讯的筋骨，主题是通讯的灵魂。因此，要选择那些具有代表性和宣传价值的人与事，能够比较鲜明、集中地反映某些社会现象的本质，并对采访材料去粗取精、去伪存真，透过现象把握本质，挖掘具有时代精神的主题。

2. 写好人物，展现精神。写好人物是通讯写作的重要任务，因此，写好通讯必须注重刻画人物形象，注意展示人物的思想面貌，显示其独特的社会意义。

3. 精心构思，合理布局。写好通讯还须在布局谋篇上下功夫。布局谋篇最基本的要求是条理清楚，言之有序，顺理成章。常见的有三种方式：一是按照时间顺序安排的叙述式，也称纵式结构；二是按照逻辑顺序安排的集纳式，也称横式结构；三是纵式与横式交错运用，也称电影分镜头式结构，适宜于表现头绪较多、时间紧迫的事件。

4. 评有深意，情理相生。一篇好的通讯不仅要叙述得法，还应有恰当的评述、议论和恰如其分的抒情。

任务三　解说词

一、解说词的概念

解说词是对展览、实物、影视、图片、名胜古迹和历史文物进行解释说明的一种文体。它通过对事物的准确描叙、词语的渲染感染观众或听众，使其了解事物的来龙去脉和意义，起到很好的宣传效果。

观星亭

前面矗立的就是结构精美的观星亭，它六角十二柱，双层飞檐翘角，古色古香。传说刘备在白帝城托孤的时候，诸葛亮曾在这里夜观"星象"，"观星亭"因而得名。

诸葛亮确实是两次到过白帝城，一次是随刘备入川，一次是刘备托孤。但诸葛亮究竟在这里观过星象没有呢？我看谁也说不清楚。

这里我想向大家介绍的是，观星亭石桌底座石上刻的八首诗。这八首诗就是唐代大诗人杜甫于公元776年秋，在白帝城所写的著名诗篇《秋兴八首》。他以身居夔州、北望长安为主题，第一首写长江的秋景和思归的愁闷，第二首写长江的晚景和自己向往长安的心情，第三首写对自身遭遇的感慨，第四首叹息长安的时局，第五首向往长安的宫阙，第六首向往长安曲江，第七首向往长安昆明池，第八首向往长安美陂等地。杜诗注意比兴,借景生情,托物寓意,讲究平仄,极尽变化之能事。

我们游览白帝城,坐在诸葛亮夜观星象的观星亭,品味杜甫的《秋兴八首》,吟咏"无边落木萧萧下,不尽长江滚滚来"的诗句,真是别有一番情趣。

这是一篇历史古迹简介,首先介绍名称来历,主体部分重点介绍亭中杜甫的八首诗歌,最后突出游览此处的情趣。全文中心明确,结构合理,既有历史典故,又有现实生活的对照,特别是对八首杜诗的逐一介绍,丰富了景点的文化内涵。

二、解说词的特点、分类与结构要素

(一)特点

1.附着性。解说词是配合实物或图画的文字说明,使观众获得对实物或图画的正确认识。一旦失去解说的对象,解说词就成了无本之木,失去存在的价值。因此,解说词必须扣住实物或图画而写作。

2.顺序性。解说词通常是按照实物陈列的顺序或画面推移的顺序来编写。陈列的各实物或画面要有相对独立性,反映在解说词里应该节段分明,对于每个事物或画面有一节或一段的文字说明。

3.可读性。解说词虽说是附着于实物或图画的说明性文体,但它不是纯客观的说明。为了加强解说效果，增强感染力，它往往综合采用多种修饰方法，运用诗情画意式的抒情方法，借助活泼多样的形式，节奏鲜明、韵律和谐的语言乃至讲故事、说典故等获得艺术魅力，增强其可读性。

（二）分类

根据说明对象的不同，解说词分成若干种类，如产品展销介绍、文物陈列说明、书画展览简介、标本说明、园林介绍、影视解说、人物介绍等。

（三）结构要素

1. 结构。解说词是对人、事、物的介绍说明。为了帮助人们认识、了解这些对象，其结构顺序应符合人们的认识规律，可按陈列或展示顺序，也可按时间和空间顺序。具体结构安排应视说明对象而定，可采用顺承式、总分式、并列式、主次式等。一般采用先概述，再分别说明介绍，后总结的结构方法。

2. 写法。

（1）深入研究，解说对象。解说词是解说客观事物的，客观事物又是复杂的，只有仔细观察、深入研究，才能把它如实反映出来。因此，写好解说词，必须认真观察、研究解说对象，准确把握其本质特点和内在关系，构成有机的统一体。

（2）写好开头。开头应简明、概括、生动而具有吸引力，既要引出说明对象，又要概述基本情况，还要引起观众或读者浓厚的兴趣。

（3）突出主体。主体部分应分节分段，具体介绍说明对象的各个方面。各部分间既相对独立，又紧密联系，从而完整准确地介绍这一事物。还可引用大量历史资料和权威人士的评价，但要客观、准确。

（4）收束有力。结尾应画龙点睛、含蓄隽永、余味无穷。

三、注意事项

解说词属于说明文体,要注意突出知识性、客观性和科学性,结合事物特点,合理安排顺序,运用多种说明方法。语言要简明、通俗、生动:可用平实的语言,也可用文学的语言;可用散文形式,也可用韵文形式。

任务四　演讲稿

一、演讲稿的概念

演讲稿也叫演说词,它是演讲者在较为隆重的仪式和某些公众场所参加各种主题演讲时使用的文稿。

在班委竞选会上的演讲稿

各位同学:

上午好!

今天,我走上演讲台,是要竞选班长。我坚信,凭着我新锐不俗的勇气和才干,凭着我与大家同舟共济的深厚友情,这次竞选演讲给我带来的必定是下次的就职演说。

我从没有担任过班干部,缺少经验,这是劣势。但正因为从未在"官场"混过,一身干净,没有"官腔官气",少的是畏首畏尾的私虑,多的是敢作敢为的闯劲。正因我一向生活在最底层,从未有过"高高在上"的体验,对摆"官架子"看不惯、弄不来,特别具有民主作风。因此,我的口号是"做一个彻底的平民班长"。

班长应该是架在老师与同学之间的一座桥梁,能向老师提出同学们的合理建议,向同学们传达老师的苦衷。我保证做到在任何时候、任何情况下,都首先是"想同学们之所想,急同学们之所急"。当师生发生矛盾时,我一定明辨是非,敢于坚持原则,特别是当老师的说法或做法不尽正确时,我将敢于积极为同学们谋求正当的权益。

班长作为一个班组的核心人物,应该具有统御全局的大德大能,我相信自己是够条件的。首先,我有能力处理好班级的各种事务。因为本人具有较高的组织能力和协调能力,凭借这一优势,保证做到将班委一班人的积极性都调动起来,使每个班委成员扬长避短、互促互补,形成拳头优势。其次,我还具有较强的应变能力,所谓"处变不惊,临乱不慌",能够处理好各种偶发事件,将损失减少到最低。再次,相信自己能够为班级的总体利益牺牲一己之私,必要时能"忍辱负重"。最后,因为本人平时与大家相处融洽,人际关系较好,客观上减少了工作的阻力。

我的治班总纲领是:在以情联谊的同时以"法"治班,最广泛地征求全体同学的意见,在此基础上制订班委工作整体规划;然后,严格按计划行事,推选代表对每个实施过程进行全程监督,责任到人,奖罚分明。我准备在任期内与全体班委一道为大家办好9件事。

1. 借助科学的编排方法,减轻个人劳动卫生值日的总长度和强度,提高效率。

2. 联系有关商家定期送纯净水,彻底解决饮水难的问题。

3. 建立班组互助图书室,强化管理,提高利用率,初步解决读书难问题。

4.组织双休日里与同学之间"互访",沟通情感,加深了解。

5.在得到学校和班主任同意的前提下,组织旨在了解社会、体会周边人们生存状况的参观访问活动。

6.利用勤工俭学的收入买三台电脑,建立电脑兴趣小组。

7.在班级报栏开辟"新视野"栏目,及时了解国内新闻动态。

8.建立班级"代理小组",做好力所能及的代理工作,为有困难的同学代购物件、代寄邮件、代传信息等。

9.设立班长意见箱,定时开箱,加速信息反馈速度,有问必答。

我会是一个最民主的班长,常规性工作由班委会集体讨论决定,不是由我一个人说了算,重大决策必须经过"全民"表决。如果同学们对我不信任,可以随时提出不信任案进行"弹劾"。

同学们,请信任我,投我一票,给我一次锻炼的机会!我会经得住考验,相信在我们的共同努力下,充分发挥每个人的聪明才智,我们的班务工作一定能搞得十分出色,班级定能跻身全市先进班级行列,步入新的辉煌!

这是一篇在竞选班长大会上的演讲稿。演讲稿内容丰富,围绕竞选班长统领全部演讲内容,适当地运用幽默手法,使听众产生极强的共鸣感。结尾发出极富鼓动性的号召。这是一篇主旨突出、层次清楚、富有激情和幽默感的演讲稿。

二、演讲稿的特点、分类与结构要素

(一)特点

1.针对性。演讲稿的内容多是听众最关心、最感兴趣、最想了解的,表达方式因人而异,十分注重效果。

演讲稿

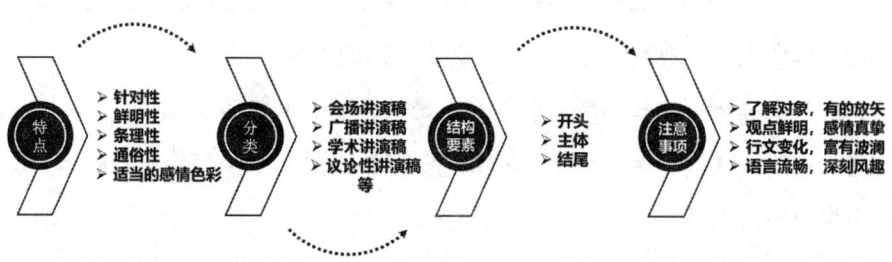

2. 鲜明性。演讲内容不能只是客观地叙述事情，还必须表明自己的主张，阐明自己的见解，做到立场鲜明、态度明确。

3. 条理性。演讲内容要条理清楚、层次分明，否则所讲内容虽丰富深刻，但缺乏逻辑性也会影响讲话效果。

4. 通俗性。演讲语言应通俗易懂，关键是句子不要太长，修饰不要太多，不宜咬文嚼字，要讲究文采，雅俗共赏。

5. 适当的感情色彩。演讲时既要冷静分析，又要有诚挚、热烈的感情，才能使讲话既有说服力，又有鼓动性。

（二）分类

根据演讲场合，分为会场演讲稿、广播演讲稿、电视演讲稿、课堂演讲稿、法庭辩论稿等。

根据讲演内容和性质，分为政治演讲稿、学术演讲稿、社会活动演讲稿等。

根据表达方式，分为记叙性演讲稿、议论性演讲稿、抒情性演讲稿等。

（三）结构要素

演讲稿的结构分开头、主体、结尾三个部分。由于演讲是有具体时间和空间的活动，演讲稿的结构具有自身的特点。

1. 开头要抓住听众，引人入胜。好的演讲稿，一开头就应用最简洁的语言、最经济的时间,把听众的注意力和兴奋点吸引过来。通用的方法有:开门见山,直接提示中心;介绍情况,说明缘由;从日常生活或切身体会入题,唤起注意;用提问激发听众的思考。

2.主体环环相扣,层层深入。这是演讲稿的主要部分。行文过程中要处理好层次、节奏和衔接,做到层次清楚、条理明白,结构张弛起伏,节奏鲜明、适度。

3.结尾简洁有力,余音绕梁。结尾通常有四种方式:一是概括要点,揭示主题;二是抒发感情,激励人心;三是展望未来,鼓舞斗志;四是饱含哲理,发人深省。

三、注意事项

1.了解对象,有的放矢。
2.观点鲜明,感情真挚。
3.行文变化,富有波澜。
4.语言流畅,深刻风趣。

任务五　讲话稿

一、讲话稿的概念

讲话稿是在某种特定场合讲话时拟定的书面稿子,目的是有效地围绕议题把话讲好,不至于跑题或把话讲错。大部分讲话稿属会议主要领导者使用的文种。领导者为实施领导,在各种会议上所做的指示性发言即领导讲话,或者是专业人员就某一问题发表意见即专门发言。讲话稿是会议的主要文件。

在××购物中心开业庆典仪式上的讲话稿

市商业局局长黄××

各位领导、各位来宾、朋友们:

大家上午好!

今天,××购物中心在这里举行隆重的开业庆典仪式。首先,我代表市政府、市商业局向××购物中心的正式开业表示热烈的祝贺,向所有关心、支持××购物中心建设的省市领导和市直主管部门表示衷心的感谢,向光临开幕仪式的各界朋友表示热烈的欢迎!

××购物中心是我市今年的重点招商引资项目,地处长江大街黄金路段,区位优越,人气鼎盛,是我市第二家全面经营流行百货的精品商场,走在当前时尚的前沿。××购物中心的建成,对于提高我市商贸品位、完善商贸载体建设、带动我市商贸繁荣和经济发展,将具有重大的现实意义和战略意义。

近年来,我市深入实施"三产立市、三产兴市、三产富市"经济发展战略,为客商倾心制定优惠政策,打造一流环境,提供一流服务,吸引了利群购物街、××购物中心等一批"三产"大项目陆续落户,长江大街商贸中心的地位已经逐步确立。今后,我们将创造更加宽松的创业环境,使广大中外投资者得到最丰厚的回报。

希望××购物中心以开业庆典为契机,打造出商贸中心的新亮点,树立我市商业新形象。

让我们再次对××购物中心的开业表示最诚挚的祝贺!

最后,衷心祝愿各位领导、来宾、朋友们身体健康,万事如意!

预祝各位商户财源广进，事业兴旺！

××××年×月×日

这是一篇上级领导的讲话稿，首先指出购物中心的社会形象和地位，其次对购物中心提出明确的希望，结尾发出极富鼓动性的号召。此讲话稿具有很强的针对性和极高的指导意义，主旨突出，层次清楚，富有激情。

二、讲话稿的特点、分类与结构要素

（一）特点

1. 有较强的针对性。

2. 有较大的鼓动性。

3. 有一定的通俗性和条理性。

4. 有特定的对象。

（二）分类

按照讲话者的身份，分为上级领导讲话和主人讲话，因此，讲话稿分为上级领导讲话稿和本单位领导讲话稿。

1. 上级领导讲话稿：本单位之外邀请的领导人的讲话稿。

2. 本单位领导讲话稿：本单位内部领导人的讲话稿。

（三）结构要素

讲话稿一般由标题、称谓、问候语、正文、结语、署名和日期构成。

1. 标题。一般标明讲话人的姓名、身份、讲话场合、讲话主题和文种名称等内容，有的只标明内容或采用正副标题形式。

2. 称谓。写上对与会者或听众的称呼。

3. 问候语。向与会者问候，如"你们好！""大家上午好！"

4. 正文。有开头、主体和结尾三部分。开头：开宗明义点出主题，概括全文的主要内容和讲话意图，以便听众理解。主体：阐明讲话的中心问题，围绕主题逐层论述，也可分项来讲。分清主次，重点突出，次要处一带而过。结尾：总结全文，提出要求、希望，根据会议或活动内容来定。

5. 结语。要用简洁、有力的祝贺语言，富有号召性和鼓动性。

6. 署名。写明单位名称、职务和自身姓名。

7. 日期。写明具体的年、月、日。

三、注意事项

1. 讲话稿要有针对性。讲话稿的内容由会议的主题和讲话者的身份来决定，所以，首先要了解会议的主题、背景，领导者对会议内容有什么明确的指示等。

2. 讲话稿要看听众。讲话稿的效果好不好，不是撰稿人或少数人坐在办公室里评定的，要由广大听众来打分。因此，讲话稿要考虑听的是什么人，这些人有什么特点，怎样才能说服他们。同时，尽可能估计听众可能提出什么样的问题，或有什么议论，以便及时回答。

3. 讲话稿的篇幅有规定性。讲话是有时间限制的，对讲话稿的篇幅有特定的要求。一般来讲，表彰大会、通报会、庆典会等的讲话稿篇幅不能太长，避免喧宾夺主；会议的主题报告相对要长一些，但也不宜过长。这要求讲话稿中心突出、目的明确、观点鲜明、简明扼要，切忌夸夸其谈、拖沓冗长。

4.讲话稿的语言要考虑特定性。讲话稿的语言介于书面语和口头语之间，既要有书面语言的精练、准确、干净，又要有口头语的通俗、生动、易懂，讲起来朗朗上口，听起来流畅顺耳。